혐오 시대 헤쳐가기

손안의 통일 ❹

혐오 시대 헤쳐가기

: 심리학으로 본 북한 혐오

김태형 지음

통일부
통일교육원

이 책은 통일교육원과 열린책들이
함께 기획·제작하였습니다.

손안의 통일

이 책은 실로 꿰매어 제본하는 정통적인 사철 방식으로 만들어졌습니다.
사철 방식으로 제본된 책은 오랫동안 보관해도 손상되지 않습니다.

〈손안의 통일〉 시리즈를 발간하며

2018년 평창에서 시작된 한반도 평화의 흐름은 세 차례의 남북정상회담을 거치며 거대한 역사적 흐름이 되었습니다. 이제 우리는 오랜 분단이 가져온 마음속의 제약을 극복하고, 한반도 평화의 시대를 맞이하는 물결 앞에 서 있습니다.

평화의 시대, 그 문을 여는 열쇠는 바로 시대정신을 반영한 〈통일 교육〉이라고 생각합니다. 분단의 현실을 사는 우리에게는 서로 다름을 인정하고 공존하며, 갈등을 평화롭게 해결하는 방법을 터득해 나가는 〈평화 교육〉이 곧 오늘날 필요한 통일 교육입니다. 새 시대에 맞는 한반도 평화를 위한 통일 교육은 정답을 주입하는 가르침이 아니라, 미래 세대들과의 소통을 통해 〈평화의 감수성〉을 기르는 과정이어야 합니다. 이러한 통일 교육은 우리 삶의 영역을 넓

히고, 각자가 가진 상상력을 마음껏 펼칠 수 있도록 도와줄 것입니다.

이러한 시점에 발간되는 〈손안의 통일〉 시리즈는, 딱딱한 기존 통일 교육 도서에서 탈피해 누구나 접근할 수 있도록 쉽게 쓰였습니다. 또한 일반 시민, 대학생, 청소년, 기업 등 대상별 맞춤형으로 제작되었고, 인문학·청소년 토론 등 다양한 소재를 활용했습니다. 이 책이 통일·북한 문제는 어렵다는 고정 관념을 타파하는 데 기여하고, 많은 국민들에게 일상의 주변 가까운 곳에서부터 평화의 의미를 느끼고, 평화의 감수성을 기르게 해주기를 바랍니다. 아울러 이 책이 평화와 통일의 시대로 나아가는 우리의 여정에 중요한 밑거름이 되기를 기대합니다.

제40대 통일부 장관

김연철

세상 사람들이 모두 천사라면

적대감과 분노, 그리고 혐오.

혐오는 한반도 분단 이후 현대사를 관통하는 키워드이다. 21세기 대한민국의 문제, 어쩌면 한반도 넘어 인류의 문제일 수도 있는 혐오는 어디에서 오는 것일까? 화해와 협력을 이야기하지만 그것이 가능하기는 한 것일까?

심리학자 김태형 소장의 『혐오 시대 헤쳐가기』는 혐오의 기원과 인식으로부터 사회적 현상으로서 혐오를 진단한다. 인류 전체를 멸절로 이끌 수 있는 〈혐오〉의 폭력성을 직면하게 한다.

혐오는 약자를 공격하는 가장 편리한 수단이다. 〈나〉라는 존재를 드러내지 않고, 〈다수〉를 명분으로 은밀하면서도 비열하게 공격할 수 있다. 〈나만 그러는 게 아닌데〉, 〈오죽했으면〉, 〈원래 그런 놈들이야〉, 〈종자가 달라〉, 〈세상은 전쟁터야〉 등의 핑계를 방패막이 삼아 〈나일 수도 있는〉, 지금 〈나만 아니면 되는 남〉을 공격한다.

투우사의 손에 생명을 잃어 가는 싸움소를 대하듯 혐오의 창을 던지고, 피 흘리며 쓰러지는 상대를 보면서 손가락 하나로 목숨을 좌우하는 황제가 된 듯한 쾌감에 빠지기도 한다.

혐오는 가지고 태어나는 것이 아니다. 바이러스처럼 전염된다. 한반도는 혐오가 자랄 수 있는 최적의 환경이었다. 남북으로 갈리고, 전쟁을 겪었다. 적으로 만나 죽이고, 죽여야 했던 적대감을 유산처럼 물려받았다. 혐오를 극복하지 못하면 한반도는 또 다른 전쟁터로 내몰릴 수 있다.

김태형 소장의 『혐오 시대 헤쳐가기』는 그렇게 혐오를 넘어 자기애와 인류애로 나아가는 문제를 직시한다. 평화는 더 이상 선택이 아니라 필수라는 사실을.

건국대학교 통일인문학연구단 교수

전영선

서문

21세기에 들어서면서 지구촌은 각종 혐오 현상으로 몸살을 앓고 있고, 한국 역시 혐오 현상이 점차 심해지기 시작했다. 2016년에 발생한 강남역 살인 사건은 혐오가 한국 사회에도 이미 심각한 사회 문제로 자리 잡고 있다는 인식을 확산시킨 주요한 계기였다. 이제 많은 사람들이 우리 사회가 해결해야 하는 큰 과제 중의 하나가 혐오 문제라는 데 인식을 같이하고 있다.

한국 사회에서 혐오는 민주주의의 근간을 파괴할 뿐만 아니라 사회 구성원들 사이에 증오와 갈등을 증폭시킨다. 궁극적으로 인간 불신과 인간 혐오 심리를 확산시킴으로써 사회의 발전을 가로막는다. 더 나아가 혐오는 남과 북 사이의 화해와 평화, 통일로 나아가려는 노력을 방해하는 주요한 원인이기도 하다. 따라서 한국 사회가 남남 갈등 문제를 해결하여 사회 통합을 이룩하고, 한반도 차원에서 평화와 화해의 시대를 열어 나가려면 무엇보다 혐오 현상을 근절하기 위해 노력해야 한다.

한국 사회에서 혐오의 대상은 이주민, 노인, 여성, 소수자, 탈북자 등으로 점점 더 다양해졌고 혐오 감정의 강도 역시 한층 심해졌다. 혐오 현상이 심각해짐에 따라 한국인들의 북한에 대한 기본 감정 역시 증오에서 혐오로 전환되었다. 즉 1990년대 이전까지의 북한에 대한 한국인들의 기본 감정이 증오였다면, 2000년대 이후에는 혐오로 바뀐 것이다.

혐오의 원인, 특히 한국 사회에서 혐오 현상이 나날이 심각해지고 있는 원인을 올바로 규명하는 것은 혐오 현상을 퇴치하기 위한 선결 조건이다. 혐오를 반대하는 교육을 실시하거나 혐오 표현이나 공격을 규제·처벌하는 것도 필요하겠지만, 그 근본 원인을 제거하지 못한다면 혐오 현상은 좀처럼 줄어들지 않을 것이다.

그것이 한국 사회 내에서의 혐오 현상이든, 북한에 대한 혐오이든 간에 혐오는 무조건 옳지 않다고 말할 수 있다. 혐오는 합리적 사고를 방해하고, 공존을 거부하게 만들며, 혐오 대상에 대한 공격을 유발하기 때문이다. 혐오의 가장 큰 위험성은 타인들, 나아가 외부 세계를 공존의 대상이 아닌 박멸의 대상으로 간주하도록 만든다는 데 있다.

혐오는 개방적이고 건강한 태도의 정반대에 위치하고 있다. 혐오는 필연적으로 자신과는 다른 사람, 자신이 싫어하는 사람을 한 명의 인격체로서 인정하지도 존중하지도 않으며, 공존을 거부하는 배타적이고 폐쇄적인 태도로 이어진다. 따라서 혐오가 기승을 부리는 사회에서는 화목한 관계가 불가능하며, 평화가 발을 붙이지 못한다.

우리 민족은 적대에서 화해로 나아가는 중요한 역사의 길목 위에 서 있다. 이 책이 혐오주의의 위험을 널리 알리고, 혐오 현상을 극복하는 데 작게나마 도움이 되기를 바란다. 혐오의 시대가 하루빨리 끝나고 평화의 시대, 화합의 시대가 오기를 간절히 바란다.

심리학자

김태형

차례

들어가는 말

인류가 21세기에 들어선 오늘날, 안타깝게도 혐오 현상은 세계적인 범위에서 나날이 심각해지고 있다. 반(反)난민 정서와 신민족주의·신인종주의가 기승을 부리고 있고, 이에 힘입어 미국, 유럽, 일본을 비롯한 여러 나라들에서는 혐오를 주요한 무기로 삼고 있는 세력들이 집권하거나 주요한 정치 세력으로 부상하고 있다. 혐오의 종류 또한 날이 갈수록 늘어나고 있다. 기독교와 이슬람 진영 간의 혐오로 대표되는 종교적 혐오, 진보 정치 세력과 보수 정치 세력 간의 정치적·이데올로기적 혐오, 계급·계층을 포함하는 각종 사회 집단 사이의 혐오, 타인종이나 이민자에 대한 혐오, 세상의 절반을 차지하는 여성에 대한 혐오, 젊은 세대와 노인 세대로 대표되는 세대 간 혐오, 성적 선택권이나 취향과 관련된 성소수자 혐오 등 종류도 다양하고, 그 가짓 수도 계속 늘고 있다. 더욱이 오늘날의 혐오주의는 과거의 혐오와는 달리 인터넷과 SNS처럼 시공간의 장벽에 구애받지 않고 빠른 속도로, 넓은 범위로 확장되는 특징을 갖고 있다.

대표적인 혐오 현상으로 〈혐오 표현〉과 〈혐오 범죄〉를 꼽을 수 있다. 『말이 칼이 될 때』의 저자 홍성수는 혐오 표현Hate Speech을 〈소수자에 대한 편견 또는 차별을 확산시키거나 조장하는 행위 또는 어떤 개인, 집단에 대해 그들이 소수자로서의 속성을 가졌다는 이유로 멸시, 모욕, 위협하거나 그들에 대한 차별, 적의, 폭력을 선동하는 표현〉이라고 정의하고 있다.[1] 헌법학자 이승현은 「혐오 표현, 법적으로 규제해야 할까」라는 논문에서 혐오 표현의 문제점 두 가지를 지적했다.[2]

첫째, 혐오 표현의 가장 큰 문제점은 그것이 혐오 집단에 속해 있는 사람들의 존엄성과 인격권을 침해한다는 데 있다. 혐오 표현은 욕설과 같은 단순한 인격 모독과는 달리 기존에 경험했던 차별과 배제 등의 고통스러운 경험을 상기시킨다. 또한 그 경험이 현시점에도 지속하고 있으며, 미래에도 지속할 수 있다는 것을 상기시킴으로써 좌절감을 강요한다. 이러한 혐오 표현은 비단 한 개인이 아니라 그가 속한 혐오 집단의 모든 사람들을 향하는 것이기 때문에 사회적 악영향이 대단히 크다.

둘째, 혐오 표현은 한 혐오 집단에 대한 차별 의식을 확산시킴으로써 민주적 공론장을 왜곡할 수 있다. 혐오 표현은 혐오 집단의 구성원들을 심리적으로 위축시키고, 그 결과 이들이 사회적 공론장에 참여할 기회를 박탈할 위험이 있다. 더 나아가 사회 구성원들 사이에 혐오 심리를 확산시켜 해당 사회가 제도적 차별을 포함하는 차별을 수용하거나 정당화하도록 만들 수 있다.

혐오 표현이 방치되고 심해지면 그것이 혐오 범죄로까지 발전할 가능성이 높아진다. 위키백과는 혐오 범죄Hate Crime를 〈가해자가 인종, 성별, 국적, 종교, 성적 지향 등 특정 집단에 증오심을 가지고 그 집단에 속한 사람에게 테러를 가하는 범죄 행위〉로 정의하고 있다. 이런 정의 때문에 혐오 범죄는 증오 범죄(憎惡犯罪)와 거의 같은 뜻으로 혼용되는 경향이 있다. 남북전쟁 이후에 미국에서 활동했던 백인우월주의자들의 KKK단, 제1차 세계 대전 이후 독일에서 국가적 차원에서 활동했던 히틀러의 나치 집단 등을 대표적인 혐오 범죄 집단으로 꼽을 수 있다. 혐오 범죄의 문제점은 그것이 희생자와 피해자를 양산할 뿐만 아니라

들어가는 말

혐오 집단의 반발과 반격을 초래함으로써 궁극적으로 사회의 안정과 지속 가능성을 파괴한다는 데 있다.

21세기 들어서부터 혐오 현상은 한국에서도 양적·질적으로 급격히 증가해 왔고, 그 결과 혐오 현상을 심각한 사회 문제로 인식하는 사회적 공감대가 형성되고 있다. 한국에서의 혐오 현상 증가는 〈극혐〉이라는 용어가 대중화된 것이나, 최근 국가인권위원회가 〈혐오 차별 대응 특별추진위원회〉를 구성하여 다각도로 혐오와 혐오 표현 문제에 대응하겠다고 선언한 것을 통해서도 쉽게 확인할 수 있다.

혐오는 평화를 방해하고 파괴하는 중요한 원인 중 하나이다. 서로를 혐오하는 사람들이, 혐오의 가해자와 그 피해자가 사이좋게 지낸다는 것은 불가능하다. 한남대 김용환 명예교수는 〈혐오주의는 우리 사회의 화합과 평화 그리고 공동선과 양성 평등의 가치에 정면으로 도전하는 파괴적 태도의 대명사가 되고 있다〉[3]고 지적한다. 이 말에서도 알 수 있듯이, 한국을 비롯해 오늘날의 지구촌이 각종 갈등과 분쟁으로 조용할 날이 없는 것은 혐오 현상이 날로 심각해지고 있는 것과 밀접한 관련이 있다.

또한 혐오는 한국 사회의 평화만이 아니라 남과 북 사이의 평화, 즉 한반도의 평화를 파괴하는 중요한 원인 중 하나이다. 따라서 평화의 파괴자인 혐오에 대해 올바로 이해하고 그것에 적극적으로 대처하는 것은 한국 사회, 나아가 한반도가 평화로 나아가기 위해 시급하게 해결해야 할 과제라고 할 수 있다.

1장

혐오란 무엇인가: 심리학의 관점에서

대부분의 국어사전은 혐오를 〈싫어하고 미워하는 감정〉으로 정의하고 있다. 한국말 혐오와 일대일로 대응하는 영어는 없다고 할 수 있다. 일반적으로 서구의 학자들은 hate라는 단어를 자주 사용하는데, 일부 학자들은 disgust라는 단어를 사용하기도 한다.[1] 어쨌든 영어를 기준으로 살펴보더라도 혐오는 〈disgust + hate〉, 즉 역겨울 정도로 싫어하고 미워하는 감정이라고 할 수 있을 것이다.

그런데 엄밀히 말하자면 혐오는 싫어하고 미워하는 감정의 정도가 아주 심할 때 사용하는 용어이다. 일반적으로 오렌지가 싫다거나 헤어진 애인이 밉다고 해서 오렌지나 애인을 혐오한다고 말하지는 않는다. 반면에 바퀴벌레나 쥐를 봤을 때 소름이 돋거나 깜짝 놀라거나 속이 메슥거린다면, 바퀴벌레나 쥐를 혐오한다고 말할 수 있을 것이다.

이것은 〈혐오는 싫어하고 미워하는 감정이다. 그것도 자제가 되지 않을 정도로 무척이나 싫어하고 미워하는 감정이다〉[2]라고 한 김종갑 교수의 진단처럼, 혐오가 극도로 싫어하고 미워하는 감정임을 의미한다.

1

혐오는 감정이다

혐오는 기본적으로 감정이라고 할 수 있다. 어떤 이들은 감정을 지식이나 사고와는 무관한 것으로 오해하기도 한다. 이 때문에 인간 심리의 구성 요소에 대해 간단하게라도 살펴볼 필요가 있을 것 같다.

인간 심리의 3요소

인간 심리의 3대 구성 요소는 지식, 동기, 감정이다.[3] 인간은 세계와 자기 자신, 그리고 세계와 자신과의 관계를 인식한다. 이때 세계와 자기 자신에 대한 객관적 사실이나 법칙 등을 인식한 것이 〈지식〉이다. 예를 들면 지구가 태양 주위를 돈다는 등의 객관적 법칙, 오늘 만났던 사람의 얼굴 생김새나 옷차림새 같은 객관적 사실 등을 인식한 결과가 지식인 것이다. 우리가 일반적으로 무엇인가를 인식한다, 혹은 무엇인가를 배운다거나 공부한다고 말할 때, 그것은 지식을 쌓는 것을 의미한다.

〈동기〉— 욕구, 욕망, 요구, 소망, 희망, 바람 등이 동기와 관련된 개념들이다 — 는, 아주 간단히 말하자면, 자기 자신이 원하는 바를 인식한 것이다. 만일 오늘 누군가를 만났는데, 그가 하는 말과 행동이 매우 불쾌하고 싫었다면 그를 다시는 만나지 않았으면 하고 바랄 수 있다. 이것을 인식한 것이 바로 동기이다. 즉 오늘 만났던 사람의 생김새나 옷차림, 예의 없는 말과 행동 등을 인식한 것이 지식이라면 내가 그를 다시는 만나지 않기를 바라는 것, 즉 내가 원하는 것이나 바라는 것을 인식한 것이 동기이다.

그렇다면 감정이란 무엇일까? 〈감정〉은 태도에 기초해 발생하는 자기 자신의 신체적 변화 혹은 반응을 인식한 것이다. 공포 영화를 보다가 아주 무서운 장면이나 깜짝 놀라게 하는 장면이 나오면 심장이 두근거리기 시작한다. 물론 이런 경우 감정과 관련된 신체적 변화가 나타나는 신체 기관이 단지 심장에만 국한되는 것은 아니다. 내장 기관의 활동, 혈액 순환의 속도, 호흡, 나아가 내분비선의 활동 등에서도 일련의 변화가 나타난다. 어쨌든 사람들은 무서울 때에는 머리칼이 곤두서거나 등줄기가 서늘해지고, 당혹스럽거나 부끄러울 때에는 얼굴이 붉어지며, 화가 났을 때에는 음성이 사납게 변하는데, 이런 현상들은 사람들의 몸에서 일련의 신체적 변화가 일어나는 것과 관련이 있다. 사람은 자기의 몸에서 발생하는 이러한 신체적 변화를 당연히 인식하게 되는데, 그것이 바로 감정이다. 다소 도식적으로 예를 들면, 상대방이 무례한 행동을 하면 몸에서 일련의 신체적 변화가 발생하는데, 그것을 인식함으로써 분노라는 감정을 체험한다는 것이다.

감정에 관한 2요인 이론

여타의 인식 활동들과 마찬가지로 자신의 신체적 변화를 인식하는 과정에도 기존의 신념이나 가치관, 지식 등이 영향을 미친다. 즉 사람은 어떤 촉발 요인으로 인해 자신의 몸에서 발생한 신체적 변화를 단순하게, 기계적으로 반영하는 것이 아니라 기존의 지식에 기초해 그것을 적극적으로 해석한다는 것이다. 감정을 신체적 변화에 인지적 해석이 더해진 것 — 감정 = 신체적 변화(각성) + 인지적 해석 — 으로 보는 이론을 감정에 관한 〈2요인 이론two-factor theory〉이라고 한다. 일반적으로 감정에 관한 2요인 이론은 신체적 변화가 먼저 발생하고 그것을 인지적으로 해석함

1장 혐오란 무엇인가: 심리학의 관점에서

으로써 감정 체험이 가능해진다고 주장한다. 그러나 그 반대의 경우도 가능하다. 즉 인지적 해석이 먼저 발생하고 그에 따라 신체적 변화가 초래될 수도 있다는 것이다. 편안한 기분으로 책을 읽다가 심각한 지구 온난화 현상에 관한 얘기를 접하는 순간 갑자기 지구가 멸망할 것만 같아서 심장이 뛰고 가슴이 조여 오는 듯한 불안을 느끼는 것을 예로 들 수 있다.

참고로 동물도 감정 체험을 할 수 있는데, 동물들의 감정 체험은 한때 감정뇌로 불리기도 했던 변연계에 의해서 거의 자동적으로 이루어진다. 토끼가 늑대를 만나면 토끼의 뇌에 있는 변연계가 즉각적으로 공포 감정의 생리적 기초가 되는 신체 변화를 일으키고 그 결과 토끼는 공포를 경험하게 된다. 이것은 동물적 감정 혹은 원초적 감정을 체험하는 데에는, 해석이나 사고가 거의 필요하지 않다는 것을 의미한다. 사람들도 길을 걷고 있는데 건물 위에서 화분이 떨어지거나 집 대문을 열었는데 발밑에 뱀이 있으면, 지식을 활용한 해석이 없더라도, 자동적이고 즉각적으로 감정을 체험하게 된다.

그러나 사회적 존재인 사람은 동물적 감정만으로는 정상적인 사회생활을 할 수 없다. 직장 상사가 술자리에서 자신을 두고 심한 농담을 했다고 가정해 보자. 이런 경우 사람들은 사회적 맥락에 기초해 그 농담을 해석한다. 만일 그것이 굉장히 친밀한 관계와 즐거운 분위기 속에서 나온 농담이었다면, 직장 상사의 농담은 말 그대로 짓궂은 농담으로 해석될 것이므로 나를 포함한 모두는 유쾌하게 웃어넘길 것이다. 반면에 그것이 상당히 어색한 관계와 서로를 견제하며 은밀하게 공격하는 분위기 속에서 나온 농담이었다면, 직장 상사의 농담은 공격이나 인격 모독 행위로 해석될 것이다. 이 경우 나는 몹시 화가 나거나 수치심을 경험할 것이다. 이런 식으로 사회적 감정의 경우에 사람은 사회적 맥락에 기초해 어떤 자극 요인이나 상황을 해석함으로써 감정을 체험하는데, 여기에서는 지적인 사고 과정이 필수적으로 요구된다.

배변과 치즈

사람의 감정 체험에서는 신체적 변화보다 오히려 해석이 더 중요하고 결정적인 영향을 미친다는 것을 보여 주는 심리학 연구들이 아주 많다. 그중에서 하나만 소개하기로 한다.

두 집단의 실험 참가자들에게 실제로는 똑같은 것이 담

겨 있는 두 개의 서로 다른 유리병에서 나는 냄새를 맡게 한
다. 그러고는 한 실험 집단에게는 그들이 냄새를 맡았던 병
에 배변이, 다른 실험 집단에게는 치즈가 담겨 있다고 말해
준다(물론 병에서 나는 냄새는 두 가지를 헷갈려 할 만큼 애
매한 냄새이다). 그러자 자신들이 치즈 냄새를 맡고 있다고
생각한 사람들은 그 향기를 좋아했지만, 배변 냄새를 맡고
있다고 생각한 사람들은 역겹고 불쾌하다고 느꼈다. 이런
연구 결과들은 감정이 사고를 배제하는 것이 아니라 사고
를 포함하고 있음을 보여 준다.

일차적으로 쾌락적 가치를 결정하는 것은 대상이 지닌
감각적 요소라기보다는 그 대상에 대한 주체의 인식이
다. 대개의 경우 혐오는 주로 관념적 요소에 의해 유발된
다. 대상이 지닌 속성 또는 기원, 그리고 사회적 역사(예
를 들면 그것을 만진 사람)가 관념적 요소를 구성한다.[4]

감정을 이성적 사고가 배제된 것으로 오해하는 학자들
은 혐오가 나쁜 것은 그것이 감정이라서라고 말하기도 한
다. 즉 혐오는 감정인데, 감정은 이성적 사고를 결여하고
있으므로 무조건 나쁘다는 것이다. 그러나 이것은 지금까

지 살펴보았듯이, 감정에 대한 잘못된 이해에서 비롯된 비과학적 견해이다.

최근에는 다소 바뀌고 있지만, 서구의 지식인들은 지식과 감정 혹은 사고와 감정을 상호 대립적인 것으로 간주하는 경향이 있다. 즉 감정을 지식과는 거의 관련이 없는 어떤 것, 혹은 이성적인 사고가 배제된 어떤 것으로 오해하는 경향이 있다는 것이다. 이것은 서구의 지식인들 나아가 서구 사회가 감정을 이성과 서로 대립하는 것으로 간주해 온 전통과 밀접한 관련이 있다. 서구 사회는 전통적으로 감정을 이성이 결여되어 있는 동물적 본능이나 충동의 결과물로 간주해 왔다. 그리고 이런 견해는 이성은 좋은 것이지만 감정은 나쁜 것이라는 잘못된 결론으로 이어지기 마련이다. 너스바움은 감정을 나쁜 것, 이성을 결여한 것으로 간주하는 서구의 전통적인 견해에 반대한다. 그녀는 〈감정은 분별없는 정서적 격앙이 아니라 세상 속에서 일어나는 사건과 개인이 지닌 중요한 가치와 목적에 맞게 조율된 지적 반응이다〉[5]라고 주장함으로써 감정에 대한 서구의 전통인 견해에 문제를 제기하고 있다. 나아가 너스바움은 〈대부분의 감정이 복잡한 사고의 집합을 수반한다〉[6]고 말하고 있다.

인간의 감정은 사고를 포함한다

감정이 사고를 필수적으로 포함하는(배제하는 것이 아니라) 이유는 무엇보다 감정이 태도에 기초하고 있는 주관적 체험이기 때문이다. 사람은 세상을 인식하는 과정에서 어떤 사물 현상이 자신에게 이로운가 혹은 해로운가를 판단한다. 예를 들면 사람들은 인간의 피를 빨아 먹고 병을 옮기기도 하는 모기를 인간에게 해로운 존재라고 판단한다. 이런 식으로 어떤 대상이 자신에게 이로운가 아니면 해로운가를 판단하는 것을 〈가치 판단〉이라고 하는데, 나에게 이로운 것은 가치가 있는 것이지만 해로운 것은 가치가 없는 것으로 평가된다.

너스바움은 〈감정은 그 안에 대상에 대한 평가를 담고 있다〉[7]고 반복적으로 강조하고 있는데, 여기에서 그녀가 말하는 〈평가〉란 가치 판단을 한다는 것과 같은 의미라고 할 수 있다. 어떤 대상에 대한 가치 판단 혹은 평가는 그 대상에 대한 태도로 이어진다. 간단히 말하자면, 태도란 어떤 대상에 대한 〈좋다 혹은 싫다〉는 입장이라고 할 수 있다. 사람들은 나한테 이로운 대상, 즉 가치가 있는 대상에 대해서는 〈좋다는 태도〉를 갖게 된다. 반면에 나한테 해로운 대상, 즉 가치가 없는 대상에 대해서는 〈싫다는 태도〉를 갖게 된다. 감정은 태도에 기초하므로, 태도가 달라지면 당연히 감정도 달라진다. 개를 싫어하는 태도를 갖고 있던 사람이 우연한 기회에 개를 키우고 정이 들어 개를 좋아하는 태도를 갖게 되었다면 개에 대한 감정 반응 역시 변하기 마련이다. 즉 예전에는 개가 자기한테 다가올 때마다 불쾌하고 짜증이 났을 테지만, 개에 대한 태도가 바뀐 다음부터는 개가 다가오면 기분이 좋아질 것이다.

지금까지의 논의를 요약하자면, 감정은 아무런 근거 없이 마구잡이로 체험하는 것이 아니다. 이미 형성되어 있는 태도에 기초하고, 태도는 어떤 대상에 대한 가치 판단 혹은 평가를 통해 만들어진다. 이것은 대부분의 인간 감정이 사고가 배제되어 있는 심리가 아니라 사고를 필수적으로 포함하고 있다는 것을 의미한다. 어떤 대상이 나한테 이로운가 아니면 해로운가를 판단·평가하기 위해서는 복잡한 사고 과정이 필수적으로 요구되기 때문이다. 혐오는 분명 감정이다. 그러나 혐오가 나쁜 것은 그것이 감정이기 때문은 아니다. 즉 혐오는 감정이고, 감정은 사고가 배제된 비이성적인 것이라서 혐오가 나쁜 것은 아니라는 말이다.

감정에 관해 한 가지 더 언급할 점은 사람들이 모든 대상에 대해 감정을 느끼지는 않는다는 사실이다. 통상적으로 사람들이 감정 반응을 보이는 대상은 자신에게 중요한 것들이다. 사람들은 가족이나 애인 등에는 강한 감정 반응을 드러내지만 길을 가면서 스쳐 지나가는 사람들에게는 별다른 감정 반응을 드러내지 않는다. 그것은 길을 가면서 만나는 사람들이 자신에게 그다지 중요하지 않아서이다. 중요하지 않은 대상에 대해서는 굳이 머리를 써가며 가치 판단을 할 필요가 없으므로 그 대상에 대해서는 태도가 형성되어 있지 않다. 이를테면 처음으로 가보는 어떤 공공시설에 비치되어 있는 책상이나, 산에서 자라는 어떤 잡초에 대해 태도를 형성하고 있는 사람은 거의 없다는 얘기다. 너스바움은 감정이 대상에 대한 평가를 수반할 뿐만 아니라 그 대상을 사소한 것이 아니라 중요한 것으로 평가한다고 강조했는데[8], 그것은 감정의 이런 특징을 지적한 것이다.

2
혐오의 기원: 생물학적 혐오 혹은 원초적 혐오

일반적으로 감정이 가치 판단의 결과에 따라 형성되는 태도에 기초하며, 사람에게 중요한 대상과 관련되어 있다면 혐오의 대상 역시 그럴 것이라고 추측해 볼 수 있다. 상식적으로 보더라도 혐오의 대상은 사람에게 이롭기보다는 해로울 것이고, 그 해로운 정도가 꽤 심해서 쉽게 무시할 수 없을 정도로 중요할 것이다. 즉 사람들은 자신에게 해롭다고 판단하고 있는 중요한 대상에 대해 싫다는 태도를 형성하고 혐오 감정을 느낀다는 것이다.

원초적 혐오

사람에게 해로운 것들 중에서 대표적인 것은 질병과 부패, 죽음이다. 따라서 사람들은 질병과 부패, 죽음 등을 싫어하기 마련이다. 여기에 더해 사람은 우수한 사고 능력 — 일

살아있는 고양이를 발견했을 때

로드킬 당한 고양이를 발견했을 때

반화 능력이나 연상 능력 등 — 을 가지고 있기 때문에 질병이나 부패, 죽음 그 자체만이 아니라 그것과 관련된 것들, 그리고 그것을 연상시키는 것들까지도 싫어하게 된다. 예를 들면 단지 부패한 음식물만이 아니라 부패한 정치인이나 부패한 사회도 싫어할 수 있고, 단지 죽음만이 아니라 죽음을 상징하거나 연상시키는 공동묘지나 전쟁도 싫어할 수 있다. 어쨌든 사람에게 일차적인 혐오의 대상은 질병과 부패, 죽음이라고 할 수 있다.

다른 원초적인 감정들과 마찬가지로 혐오 감정도 처음에는 육체적인 생명을 유지하기 위한 목적에서 발생했다. 사람이 심한 악취나 상한 음식의 냄새를 맡으면 연수(延髓)에 있는 구토 중추가 자동적으로 구토를 유발하는데, 이때 체험하는 혐오감은 해로운 것으로부터 몸을 보호하는 역할을 한다. 일찍이 홉스와 데카르트는 공통적으로 혐오 감정이 인간의 생존과 관련되어 있다는 사실을 강조한 바 있다. 예를 들면 배고픈 사람에게 음식은 식욕을 일으켜 음식을 먹게 하지만, 이미 배가 불러 있는 사람에게 음식은 식욕보다는 혐오감을 불러일으켜 과식을 피하게 한다는 것이다. 이런 식으로 혐오감은 현재 또는 미래의 위험(소화불량, 구토, 토사곽란 등)을 피하게 만듦으로써 생존 가능성을 높이는 역할을 한다.[9] 다윈 역시 이와 유사한 견해를 피력했다. 그에 의하면 〈혐오는 본래 강하게 부정적인 감각 경험과 밀접하게 관련된, 일차적으로 원치 않는 음식에 대한 거부〉와 관련된 감정이다.[10] 지금까지의 논의는 혐오 감정이 원칙적으로는 사람의 생존을 도와주는 긍정적인 역할을 하는 감정임을 보여 준다.

후천적 혐오

혐오가 진화에 기초한 감정이라면, 혐오 역시 유전할까? 지독한 악취가 풍겨 오면 혐오감을 느끼지 않을 사람이 거의 없을 것이다. 이런 점에만 주목하면 혐오가 유전적으로 결정되거나 전달되는 감정처럼 보인다. 물론 일부 혐오감은 분명히 유전적 기초를 가지고 있는 것 같지만, 실제 대부분의 혐오 감정은 사회 속에서 만들어진다.

사람은 다른 동물들과는 달리 언어를 사용할 수 있는 신체 능력을 가지고 태어난다. 그럼에도 불구하고 만약 어떤 사람이 사회 속에서 성장하지 않는다면 그는 언어 능력을 가질 수 없다. 즉 어렸을 때에 야생에 버려져 원숭이나 늑대에 의해 길러진다면, 그는 언어 사용을 가능하게 해주는 신체적 기초를 가지고 있음에도 언어를 습득하지 못한다. 혐오감도 마찬가지이다. 그 유전적 기초의 유무와는 별개로, 혐오감 역시 사회 속에서 성장함으로써 비로소 갖게 되는 감정이라고 할 수 있다. 여러 연구들에 의하면 혐오는 세 살 이전의 유아에게서는 발견할 수 없다. 예를 들면 이 시기의 유아들은 똥을 혐오하기보다는 좋아한다. 완전한 의미에서의 혐오는 네 살 무렵부터 자리 잡게 되는데, 이것은 혐오가 유전적으로 결정되는 것이라기보다는 사회 속에서 성장하면서 습득하는 감정이라는 것을 보여 준다.

혐오가 기본적으로 사회 속에서 습득하는 감정이라는 것은 문화권에 따라 혐오 대상이 다른 이유를 설명해 준다. 잘 알려져 있듯이, 이슬람 문화권에서는 돼지고기를 혐오하지만 한국인들은 돼지고기를 아주 좋아한다. 서양 사람들은 둥근 달을 혐오하지만(늑대 인간은 보름달이 뜰 때 늑대로 변한다. 서양의 공포 영화에는 통상 보름달이 배경으로 나온다) 동양 사람들은 둥근 달을 좋아한다. 이것은 대부분의 혐오 감정이 유전으로 결정되는 것이 아니라, 사회 역사적 배경 속에서 만들어지는 것임을 시사한다. 너스바움은 문화권이나 나라에 따라 혐오 대상에서 차이를 보이며 〈원초적 대상에 대한 혐오의 수준〉 역시 〈개인에 따라 상당한 편차를 보인다〉[11]는 점을 들어 다음과 같이 말하기도 했다.

〈자연적〉으로 혐오를 유발하는 대상이 존재한다는 말은
어떠한 의미(원초적 대상에 대한 혐오 경험과 관련하여
광범위하게 공유되고 깊이 뿌리내린 인간의 사고가 존재
한다는 의미)에서만 맞는 말이다.[12]

사회적 감정으로서의 혐오

만일 혐오가 단지 육체적 생명을 보호하는 역할만 한다면, 혐오가 문제될 것은 하나도 없을 것이다. 오히려 그것은 사람에게 대단히 유익한 감정이라고 말할 수 있을 것이다. 그러나 다른 여러 원초적 감정들 혹은 기본 감정들과 마찬가지로 혐오도 사회적 차원에서 작동하는데, 이 경우 혐오는 여러 가지 문제점을 유발할 수 있다.

사회의 안전과 혐오

어떤 사회가 붕괴하거나 멸망하면 그 속에서 살아가고 있는 사람들 역시 무사하지 못할 것이다. 대부분의 사람들은 이런 이치를 잘 알고 있어서 사회의 유지·발전에 사활적인 이해관계를 갖는다. 즉 사람들은 자기 자신만이 아니라 사회가 유지되고 발전하기를 간절히 바란다. 대부분의 사람들이 사회 안전을 위협하는 대상에 대해 민감하게 반응하는 것은 이 때문이다. 〈기본적인 단계에서 혐오감은 삶의 유지를 방해하거나 훼방하는 타자에 대한 거부감이다〉[13]라는 말이 시사하듯이, 사람들은 자기 자신뿐 아니라 사회의 안전이나 번영을 해치는 대상에 대해서도 혐오로 반응할 수 있다. 이와 관련해 김종갑 교수는 혐오가 기본적으로 사회의 질서나 안전과 관련이 있다면서 다음과 같이 말했다.

> 깨끗한 것과 더러운 것, 허용되는 것과 금지되는 것, 인간적인 것과 동물적인 것, 안과 밖을 구분하지 않는 문화권은 존재하지 않는다. 이러한 구분과 분류가 없으면 사회적 질서가 불가능할 것이다.[14]

너스바움 또한 〈많은 면에서 우리의 사회적 관계는 혐오스러운 것과 이를 피하려는 다양한 시도로 이루어져 있다. 배설물과 시체, 썩은 고기와 같은 불쾌한 동물적 물질을 처리하는 방식은 사회적 관습 속에 스며들어 있으며, 대부분의 사회들은 사회를 건강하게 유지하기 위해 혐오감을 주는 특정 집단이나 오염물을 지닌 사람들을 기피하도록 가르친다〉[15]고 말하면서 혐오가 사회의 안녕과 관련이 있다고 강조했다.

오늘날 자본주의 사회에서 살아가고 있는 현대인들은 날이 갈수록 더 심한 불안을 느끼고 있다. 최근에는 자기 자신 혹은 자신이 속한 집단의 생존권이나 이익을 침해하는 대상에 대해서는 예외 없이 혐오로 반응하는 현상이 증가하고 있다. 예를 들면 장례식장, 화장 시설, 장애인 특수 학교, 노인 요양 시설, 쓰레기 소각장, 방사능 폐기물 처리장, 노숙자 쉼터 등은 물론이고 교도소, 경찰서, 공항 등까지도 한국인들은 혐오 시설로 인식하고 있다.[16] 물론 한국인들이 이런 시설을 혐오 시설로 인식하는 원인으로는 여러 가지를 거론할 수 있을 것이다. 하지만 부동산 가격의 하락이나 교육 환경의 악화 등으로 자신들의 생존권이나 이익이 침해당한다는 판단이 그러한 원인 중의 하나라는 것만큼은 분명하다.

사회적 혐오와 생물학적 혐오

사회에 해로운 대상에 대한 혐오는 육체적 생명을 위협하는 것에 대한 혐오의 사회적 확장판이라고 할 수 있다. 나는 후자의 혐오를 생물학적 혐오(본능적 혐오 혹은 원초적 혐오)로, 전자를 사회적 혐오라고 부를 것이다. 물론 사회적 혐오는 생물학적 혐오 감정에 기초하고, 둘이 서로 연결되어 있기는 하다. 하지만 두 가지 혐오는 크게 다르므로 엄격히 구분할 필요가 있다. 이와 관련해 너스바움은 썩은 시체를 보고 구토하는 등의 혐오를 〈원초적 대상〉에 대한 감각적인 혐오로 지칭하고, 이런 혐오와 〈사회적으로 매개된 혐오를 구별〉해야 한다고 강조했다.[17]

사회적 혐오가 생물학적 혐오의 사회적 확장판이라는 사실은 사회적 혐오를 표현하는 발언 내용을 통해서 쉽게 확인할 수 있다. 히틀러는 『나의 투쟁』에서 유대인에 대한 혐오 감정을 다음과 같이 표현했다.

어떤 형식이든, 특히 문화생활의 형식에서 불결하거나 파렴치한 일이 일어났다면, 적어도 거기에 유대인이 관련되지 않았던 적이 있었던가? 이러한 종기를 조심스레 절개하자마자 사람들은 썩어 가는 시체 속의 구더기처럼 돌연히 비친 빛에 눈이 부신 듯이 끔벅거리고 있는 유대인들을 종종 발견했던 것이다.

〈종기〉, 〈썩어 가는 시체 속의 구더기〉 같은 표현들은 육체적 생명을 위협하는 질병, 부패, 죽음과 관련된 용어이다. 이 시기의 독일의 의학 이론들 역시 유대인과 공산주의자를 암세포, 종양, 세균 등으로 묘사하고 있다. 이런 표현들은 사회적 혐오가 생물학적 혐오에 기초하고 있으며 그것이 사회적으로 확장된 것임을 명확하게 보여 주고 있다. 사회적 혐오는 생물학적 혐오에 뿌리를 두고 있는 감정이기 때문에 생물학적 혐오와 동일한 신체 반응이 유발될 수 있다. 예를 들면 사람들은 자신이 조금 전에 먹었던 고기가 인육이었음을 알게 되면 갑자기 구토를 시작할 수 있다.

육체적 생명과 사회적 생명

무엇보다 사회적 혐오는 사회의 생존을 위협하는 대상에 대한 감정 반응이다. 그런데 사람들은 사회의 안전을 위협하는 대상만이 아니라 자신의 사회적 생명을 위협하는 대상에 대해서도 혐오 반응을 드러낸다. 이것은 사회적 혐오가 육체적 생명만이 아니라 사회적 생명을 위협하는 대상에 대한 혐오를 포함하고 있음을 의미한다. 사람은 동물처럼 육체적 생명만 가지고 있는 존재가 아니다. 사회적 존재인 사람은 사회적 생명도 가지고 있다. 이 때문에 혐오는 사회적 생명을 위협하는 대상에 대해서도 작동한다. 아니,

정확하게 말하자면 사람들은 사회적 생명을 위협하는 대상을 육체적 생명을 위협하는 대상보다 더 혐오한다고 말할 수 있다.

좀비 영화에 등장하는 사람들은 대부분 좀비가 되기보다는 차라리 자살을 선택한다. 좀비가 되면 영생의 소망 혹은 불멸의 소망을 달성할 수 있는데, 왜 그들은 자살을 택하는 것일까? 그것은 좀비가 영혼이나 인간성이 없는 존재라서다. 한마디로 좀비는 인간이 아니기 때문이다. 사회적 생명은 인간성을 실현하면서 살기를 바라는 소망, 달리 말하면 인간답게 살기를 바라는 소망과 관련이 있다. 사람들은 인간답게 살지 못할 경우 자신이 사회적 존재로서는 이미 죽었거나 죽어 가고 있다고 느낀다. 사회적 존재로서의 죽음은 육체적 생명이 위협당하거나 끝장나는 것보다 더 고통스럽기 때문이다. 사회적 생명이 위협당하는 많은 사람들이 극단적인 경우 자살을 선택하는 이유이다.

영화나 드라마에는 종종 매우 부도덕한 장면을 목격하거나 그런 얘기를 들은 극중 인물이 화장실로 달려가 구토하는 장면이 나온다. 실제로 여러 심리학 연구들은 혐오가 도덕적 현상에 대한 반응으로도 나타난다는 것을 확인해 왔다. 사람들은 왜 부도덕한 현상에 대해 혐오 반응을 드러내는 것일까? 사소한 부도덕은 별문제가 되지 않겠지만 심각한 부도덕은 인간성의 상실, 즉 사회적 존재로서의 죽음을 의미한다. 다음 언급은 이 점을 정확히 지적하고 있다.

독을 먹으면 목숨을 잃지만 인육을 먹으면 사회적 죽음을 당한다. 인간으로서의 정체성을 상실하는 것이다. 이때 발생하는 혐오감은 인간으로서의 죽음에 대한 공포의 반응이다.[18]

통상적으로 사람들은 존속 살해, 연쇄 살인 같은 끔찍한 짓을 저지른 극악한 범죄자를 향해 이렇게 외치곤 한다. 〈네 놈이 사람이냐?〉 이 외침에는 〈너는 더 이상 사람이 아니다, 너는 사람으로서의 생명인 인간성을 상실한 놈이다〉라는 의미가 담겨 있다. 사람들은 인간성의 상실, 사회적 생명의 죽음을 대단히 두려워하고 싫어한다. 사회적 생명을 위협하는 대상에 대해서도 혐오로 반응하는 경우가 많은 이유이다. 사람들이 어떤 대상 혹은 상황을 사회적 생명의 위협으로 인식하는지는 뒤에서 살펴보기로 한다.

사회와 역사에 따라 달라지는 혐오 대상

사회적 혐오가 사회의 안전, 나아가 자신의 사회적 생명을 위협하는 대상에 대한 감정 반응이라면, 사회가 점점 불안해질수록 혐오 현상이 심해질 것임을 쉽게 예측할 수 있다. 불안한 사람은 그렇지 않은 사람에 비해 외부의 위협을 과대평가하기 마련이다. 예를 들어 일상적으로 생존이 위협당하고 있다고 느끼고 있는 가난한 사람은 그렇지 않은 사람에 비해 외국인 노동자를 자신에게 해롭다거나 자신을 위협하는 존재로 인식할 가능성이 더 클 것이다. 현대 자본주의 사회의 특징 중 하나는 사람들이 원인을 알 수 없는 불안에 시달리고 있다는 것이다. 이 때문에 지그문트 바우만 Zygmunt Bauman은 〈언제 어디서 나타날지 모르는 불확실한 공포, 즉 현대 사회에서 발생하는 정체불명의 유동하는 공포liquid fear〉가 〈혐오주의의 심리적 배경〉[19]이라고 말하면서 경제적 궁핍과 가난을 혐오의 원인으로 지목하기도 했다.

생물학적 혐오의 경우 어떤 대상이 자신의 육체적 생명을 위협하느냐의 판단은 비교적 쉽고 명확하게 내릴 수 있다. 지독한 악취나 썩은 음식물이 사람에게 해롭다는 것을 판단하기란 어렵지 않기 때문이다. 반면에 사회적 혐오의 경우 어떤 대상이 사회의 안전이나 사회적 생명(인간성)을 위협하느냐의 판단은 상대적으로 어렵고 불확실하다. 예를 들면 외국인 노동자나 이주민이 사회의 안전(혹은 사회적 생명)을 위협하는가, 그렇지 않은가를 판단하기란 대단히 어렵고 복잡하다. 더욱이 그런 판단은 상당히 주관적일수 있는데, 그것은 이주민에 대한 평가가 사회적 조건이나 상황에 따라 달라지는 것을 통해서도 확인할 수 있다. 생물학적 혐오는 기본적으로 생존에 도움이 되는 유익한 것이지만, 사회적 혐오는 그렇지 않은 경우가 더 많은 것은 이때문이다.

그것이 맞건 틀리건 간에, 사회적 혐오의 대상을 선정하는 과정은 사회·역사 속에서 이루어진다. 김종갑 교수에 의하면 1980년 이전에는 한국 사회에 혐오 식품이 없었지만 88올림픽을 준비하는 과정에서 일부 식품이 국가에 의해 혐오 식품으로 낙인찍힘으로써 혐오 식품이 등장했다.[20] 더 부연하자면, 88올림픽 이전까지만 해도 한국인들은 외국 사람들의 시선을 별로 의식하지 않으면서 살았는데, 올림픽을 치르면서부터 서구 선진국 사람들의 시선을 부쩍 의식하게 되었고 그들이 싫어하는 개고기 등의 식품을 혐오하게 되었다는 것이다. 사회적 혐오의 대상이 사회·역사 속에서 만들어지고 변화한 예로 볼 수 있다. 또한 사회적 혐오는 〈개별화된 개인의 감정을 표출하는 표현들이 아니라 이 시대의 차별 의식을 반영하는 표현들〉[21]이라는 말이 시사하듯이, 사회적 혐오는 특정한 사회의 민낯을 솔직하게 비추는 거울이라고도 할 수 있다.

사람에 대한 혐오

사회적 혐오 중에서 특별히 문제가 되는 것은 자연발생적으로 만들어진 혐오가 아닌 사회적으로 형성된 혐오(의도적·인위적으로 조작된 혐오)이다. 이런 혐오는 〈사회 문제의 기원이나 원인이 아니라, 발현이며 결과〉[22]이기 때문이다. 『혐오 사회*Gegen Den Hass*』의 저자인 카롤린 엠케는 〈강렬하고 열렬한 증오는 오랫동안 냉철하게 벼려 온, 심지어 세대를 넘어 전해 온 관습과 신념의 결과물〉[23]이고 〈이데올로기에 따라 집단적으로 형성된 감정〉이라고 주장했다. 또한 〈혐오와 증오는 느닷없이 폭발하는 것이 아니라 훈련되고 양성〉[24]되므로 〈증오와 폭력을 고찰할 때는 그것을 가능하게 만드는 구조도 함께 고찰해야 한다〉[25]고 강조했다.

이런 의견들에 동의하지만, 나는 사회적 혐오를 구분하는 좀 더 단순하고 쉬운 기준을 제시하고자 한다. 나는 사회적 혐오 중에서 사람을 대상으로 하는 혐오는 무조건 나쁘다고 생각한다. 어떤 사회가 박쥐나 돼지를 혐오한다고 해서 그것을 꼭 나쁘다고 말할 수는 없다. 그러나 어떤 사회 집단이든 간에 특정 집단을 혐오하는 일은 무조건 나쁘다고 말할 수 있다. 어떤 경우든 사람은 혐오의 대상이 되어서는 안 되는 존엄한 존재이기 때문이다.

사회적 혐오에 대한 논의를 마치면서 한 가지 당부하고 싶다. 사람을 대상으로 하는 혐오는 무조건 나쁜 것이지만, 우리는 그런 혐오 현상이 왜 발생하는지 이유나 원인에 대해서 합당한 관심을 기울여야 한다. 사람을 대상으로 엉뚱하게 표출되어서 그렇지, 사회적 혐오는 본질적으로 사회의 안전이나 사회적 생명을 위협하는 대상에 대한 감정 반응이다.

우리는 자신을 해치거나 위협하고 불행하게 만드는 것들에 대해서 혐오감을 느낀다. 이때 혐오감은 인간적인, 품위 있는 삶을 향한 나의 욕망을 반영하고 있다. 독약에 대한 혐오감이 생물학적 자기방어 장치라면 취향과 상반되는 것에 대한 혐오감은 개인적 정체성의 방어 장치다. 전자가 생명을 보장해 준다면 후자는 정체성과 인격을 보장해 준다.[26]

사회적 혐오는 인간성을 보호하려는 욕망에서 비롯한다. 이 점을 염두에 두어야 단순히 혐오 현상을 반대하는 것을 넘어서서 혐오의 원인을 올바로 파악하고, 그것을 제거할 수 있다.

4
혐오는 약한 대상에 대한 감정

사람에 대한 혐오를 무조건 나쁜 것으로 간주해야 한다는 입장은 혐오가 약한 대상에 대한 감정이라는 사실에 의해서 한층 힘을 얻는다. 『혐오: 감정의 정치학』의 저자인 김종갑 교수는 혐오가 강자, 즉 힘이 센 자나 우월한 자의 감정임을 강조했다.

> 혐오하는 자는 혐오의 대상보다 훨씬 우월하며 힘센 존재다. 개가 짖는다고 해서 같이 짖지는 않는다는 속담도 있지 않은가. 경멸과 마찬가지로 혐오는 강자가 약자에 대해서 갖는 감정이다.[27]

사람들은 자신에게 해로운 대상을 싫어하거나 미워한다. 그렇지만 자신에게 해로운 대상이라고 해서 항상 혐오를 느끼는 것은 아니다. 해롭기는 하지만 자기보다 강한 대상에 대해서 사람들은 일반적으로 혐오가 아닌 분노나 증오를 느낀다. 육식 동물에게 목숨을 위협당하고 있는 초식 동물에게서 전형적으로 관찰할 수 있는 반응은 분노와 증오다. 〈증오는 대상을 전적으로 진지하게 받아들인다는 것을 전제한다. 즉, 그 대상은 어떤 식으로든 객관적으로 의미 있고 중요하며 위험하고 강력한 존재여야 한다〉[28]는 헝가리의 철학자 아우렐 콜나이Aurel Kolnai의 말은 이 점을 정확하게 짚고 있다. 영화 『죠스』에 나오는 거대한 백상어에 대해 사람들은 혐오가 아닌 분노를 느낀다. 반면에 썩어 가고 있는 시체나 징그러운 벌레에 대해 사람들이 느끼는 감정은 분노라기보다는 혐오이다. 이것은 혐오가 자신에게 해로운 대상 중에서도 강한 대상이 아닌 약한 대상에 대한 감정 반응이라는 것을 의미한다.

혐오가 약한 대상에 대한 감정이라는 것은 혐오가 주로 사회적 약자를 대상으로 표출된다는 사실에도 부합한다. 조선 시대에 지주였던 양반과 평민 사이의 관계에서 평민은 자신을 지배하고 착취하는 양반에 대해 분노하고 증오했다. 그렇지만 양반은 평민들이 자신을 증오하고 있다는 사실을 알고 있더라도 그것에 별로 개의치 않았다. 평민은 양반을 위협할 정도로 강하지 않았기 때문이다. 그래서 양반은 평민에게 분노하지 않았고(평민들이 봉기를 했을 때는 예외이다) 평민을 증오하지도 않았다. 그저 〈원두한(園頭干)이 쓴 오이 보듯〉 혐오할 뿐이었다. 일제 강점기에 식민지의 한국인이 일본인에게 느꼈던 일반적인 감정이 분노나 증오라면 일본인이 한국인에게 느꼈던 일반적인 감정은 혐오이다. 이런 식으로 사람들은 자신에게 해로운 대상을 강한 대상과 약한 대상으로 구분하여 각기 다른 감정을 체험하는데, 자기보다 강한 대상에 대해서는 주로 분노와 증오를 느끼지만 자기보다 약한 대상에 대해서는 혐오를 느낀다.

〈똥이 무서워서 피하냐, 더러워서 피하지〉라는 한국 속담은 혐오의 특징을 잘 표현하고 있다. 혐오는 그다지 무서워할 필요가 없는 약한 대상과 관련된 감정이다. 그런데 약한 대상인 똥을 혐오하는 것이야 별문제가 없겠지만, 사회적 약자를 혐오하는 것은 다른 차원의 문제이다. 즉 혐오가 사회적 차원에서 작동하면서 사람을 대상으로 삼기 시작하면 심각한 문제가 벌어질 수 있는 것이다. 혐오는 원래 약한 대상에 대한 감정이므로 사회적 차원에서의 혐오역시 약한 사람들이나 집단을 향하기 마련이다. 이와 관련해 너스바움은 〈혐오가 사회적 위계의 전통과 밀접하게 관련되어 있다〉면서 〈대부분의 사회는 인간을 서열화해서 특정 계층을 오염되어 있고 혐오스러운 집단으로 단정한다〉[29]고 말한다.

혐오는 무엇보다 사회를 지배하는 지배 집단의 전유물이라고 할 수 있다. 사회의 강자인 지배 집단은 사회의 약자, 더 나아가 국민을 혐오할 수 있다. 그러나 혐오는 지배 집단에게 예속된 다수의 보통 사람들한테서도 나타날 수 있다. 평민들은 지배 집단에게 예속된 처지에 놓여 있기는 하지만, 사회적 약자에 비해서는 강자이므로 또 다른 혐오의 주체가 될 수 있는 것이다. 독재 권력이나 독점 자본에 의해 지배당하고 착취당하는 사람들이 힘을 합쳐 거기에 분노하고 세상을 바꿀 수 있다면, 일반인들이 약자를 혐오하는 현상은 거의 발을 붙이기 어려울 것이다. 그러나 만일 그것이 가능하지 않다면, 일반인들은 위로 향해야 할 분노의 방향을 아래쪽으로 돌려 힘없는 사람들을 공격할 것이다. 그 결과 분노는 혐오로 변질된다. 이런 점에서 볼 때, 혐오는 분노할 가치조차 없는 약자를 향해 신경질을 부리거나 화를 내는 현상이라고도 할 수 있다.

지금까지 살펴보았듯이, 사회적인 차원에서 혐오는 권

력의 위계를 따라간다. 즉, 강자와 다수 그리고 우월한 위치에 있는 자가 약자와 소수 그리고 열등한 위치에 있는 자를 박해하고 괴롭히는 도구로서 기능한다. 취향과 관련된 개인적 혐오와 사람이 아닌 대상에 대한 혐오를 제외한다면, 대부분의 사회적 혐오가 반사회적이고 반민주적으로 기능하는 이유가 여기에 있다.

혐오는 정치적으로 올바르지 않다. 강자와 다수의 특권적인 감정이기 때문이다. 혹은 스스로도 약자이면서 강자와 심리적으로 동일시하는 사람들의 지극히 배타적인 감정이기 때문이다. 정승 집 개도 정승 노릇 한다는 속담이 있다.[30]

5

잠재적인 위험과 전염 공포

혐오의 대상이 해로울지는 모르지만, 어쨌든 그것은 힘이 약한 존재이다. 모기나 바퀴벌레 등은 사람보다 힘이 약하기 때문에 마음만 먹으면 제거하거나 죽일 수 있다. 이렇게 자기보다 힘이 약한 대상은 제거하거나 죽일 수 있는데, 우리는 왜 그런 대상을 굳이 혐오하며 감정을 낭비하는 것일까? 그것은 잠재적인 위험과 관련이 있기 때문이다. 혐오는 당장은 자신을 위협하지 않지만 자칫하면 자신을 죽일 수도 있는 잠재력을 지닌 대상에 대한 감정이다. 지배층이 백성을 혐오하는 이유 중의 하나는 당장은 그들이 위험하지 않지만 힘을 합쳐 궐기하면 대단히 위험할 수 있는 존재이기 때문이다. 사실 〈해롭기는 하지만 약자〉라는 말은 곧 〈약자이기는 하지만 나를 위험에 빠트릴 수 있는 잠재력을 갖고 있다〉는 말이기도 하다.

모기나 바퀴벌레는 흔히 잠재적인 위험의 대상으로 간주되는데, 그 자체로는 별로 위협적이지 않지만 그들이 전염성을 갖고 있어서다. 당장 나를 위협하지는 않지만, 병을 전염시킴으로써 궁극적으로는 나의 목숨을 빼앗을 수도 있다. 느릿느릿 걸어 다니는 고전적인 좀비에 국한해서 말하자면, 좀비 영화에 등장하는 좀비 하나는 보통 사람들보다 더 힘이 세다고 말할 수 없다. 하지만 인간은 결국 좀비한테 당하고 마는데, 그것은 좀비가 사람들을 똑같은 좀비로 만드는 강력한 전염성을 갖고 있어서다.

이처럼 사람들이 힘이 약한 존재를 군이 혐오하는 까닭은 그 존재가 잠재적 위험성, 대표적으로 전염성을 가지고 있는 것으로 인식되기 때문이다. 반대로 사람에게 해롭기는 하지만 전염성이 없는 존재는 일반적으로 혐오의 대상이 되지 않는다. 너스바움은 〈혐오 속에 담긴 핵심적인 관념은 전염에 대한 사고〉[31]라고 강조하면서 〈혐오의 감정은 자신을 오염시킬 수 있는 것에 대한 거부를 표현한다. 혐오의 중심적 대상은 인간에게 오염 물질로 여겨지는 것〉이라고 말했다.[32] 또한 심리학자 폴 로진Paul Rozin은 〈혐오는 오염물의 체내화라는 관념에 초점을 둔 복잡한 인지적 내용을 지니고 있는 것이 분명하다〉면서 다음과 같이 말했다.

역겨운 대상의 (입을 통한) 체내화 가능성에 대한 불쾌감이다. 역겨움의 대상은 오염물이다. 즉 오염물이 우리가 먹으려 하는 음식물에 살짝이라도 닿게 된다면, 그 음식은 먹을 수 없게 된다.[33]

전염에 대한 공포는 사회적 차원에서도 작동할 수 있다. 이를테면 〈우리 몸이 독에 오염될 수 있듯이 사회도 범죄에 오염되고 그것이 심해지면 사회 해체의 위기에 처할 수 있다〉[34]는 주장이 있다. 만약 사회에 해로운 어떤 것이 전염성을 가지고 있다면, 그것이 현재는 약한 존재이더라도 사람들은 그것이 궁극적으로 사회를 무너뜨릴 수도 있다고 생각하고, 그 대상을 혐오할 수 있다. 사람들은 사회적으로 금기시되는 것을 혐오하는 경향이 있는데, 그것은 사회적 금기가 깨지기 시작하면 부적절하거나 부도덕한 행위가 널리 퍼져 궁극적으로 사회의 안전을 파괴할 수 있다는 믿음 때문이다.

잠재적인 위험성을 가지고 있는 대상에 대한 반응으로서의 혐오는 자신의 취약성이나 허약성에 대한 인식과 비례 관계에 있다. 약골일수록 전염을 걱정하는 법이다. 사실 혐오는 자신감 넘치는 진짜 강자가 아닌 감기가 옮을까 봐 전전긍긍하는 약자의 전유물이다. 이에 대해서는 뒤에서 다시 살펴보기로 한다.

혐오에 관한 서구 이론의 문제점

서구의 혐오 이론가들은 대부분 혐오의 주된 대상이 〈동물성〉이라고 주장한다. 예를 들면 너스바움은 〈앵기알과 로진, 그리고 밀러는 모두 혐오는 우리 자신이 지닌 동물성에 불편함을 느끼는 것과 관련된다고 결론 내린다〉[35]면서 다음과 같이 말하고 있다.

> 앵기알, 심리학자 로진, 그리고 밀러는 모두 혐오를 자극하는 사고는 우리 자신과 인간이 아닌 동물, 또는 우리 자신과 우리가 지닌 동물성 간의 경계를 정돈하려는 관심과 연결되어 있다고 결론짓는다. 그래서 인간의 신체 분비물 중에서 눈물만이 혐오를 유발하지 않는 이유는, 추정컨대 눈물이 유일하게 인간적인 것으로 생각되기 때문일 것이다. (……) 반면 배설물, 콧물, 정액, 그리고

다른 동물적 신체 분비물은 [우리를] 오염시킨다고 여겨진다. 그래서 우리는 이것들을 섭취하길 바라지 않으며, 이것들과 일상적으로 접촉하는 사람은 오염되어 있다고 본다.[36]

대부분의 혐오 이론가들처럼 너스바움도 〈혐오라는 감정 속에는 동물적인 것에서 벗어나려는 인간의 욕구와 결부된, 오염에 대한 두려움이 담겨 있기 때문에 자주 다양한 형태의 의심스러운 사회적 실천과 연결된다. 우리 인간이 동물적 육체를 갖고 있다는 사실에 대해 느끼는 불쾌함은 이러한 사회적 실천을 통해 취약한 사람들과 집단을 대상으로 투영되는 것이다〉[37]라고 말하면서 동물성이 혐오의 주된 대상이라는 견해에 동의하고 있다.

서구의 혐오 이론가들은 왜 동물성을 혐오의 주된 대상이라고 주장하는 것일까? 서구의 지식인들은 전통적으로 인간에 대한 이원론적 견해를 신봉해 왔다. 곧, 인간을 육체와 영혼(혹은 정신)이 합쳐진 존재로 본 것이다. 김종갑은 서구의 이원론적 견해에 대해 다음과 같이 말하고 있다.

(서양의) 철학은 옳고 그름, 선과 악, 정신과 육체, 영혼

과 물질, 자유와 구속, 하늘과 땅 등 모든 것을 이원론적으로 바라보는 경향이 있다. 인간도 예외가 아니다. 인간은 한편으로 초월적·이성적인 존재지만, 다른 한편으로 동물처럼 감정적·본능적 존재다.[38]

서구의 철학은 전통적으로 인간을 동물적 존재(육체)인 동시에 초월적 존재(이성 혹은 정신)라는 이원론적 견해에 기초해 바라본다. 그리고 인간의 욕망이나 감정은 동물적 육체에서 비롯하는 반면, 이성이나 사고는 영혼이나 정신에서 비롯하는 것으로 이해한다. 그런데 서구 철학은 이 두 가지, 즉 동물적 육체와 초월적 정신이 서로 대립한다고 믿기 때문에 인간의 동물성(욕망이나 감정)을 인간의 초월성(이성)을 방해하는 나쁜 것으로 간주하고, 싫어한다. 그리스의 철학자 플라톤은 바람직한 인간이란 자신의 동물적 자아, 즉 육체적 욕망을 경멸하고 혐오하는 사람이라고 믿었다. 그리스와 로마의 스토아 학파 철학자들은 사람들에게 가능한 한 감정을 없앰으로써 자기충족적인 사람이 되라고 요구했고, 사고를 훌륭하게 하는 사람은 어떠한 감정도 갖지 않을 것[39]이라고 주장했다. 프랑스의 철학자인 장폴 사르트르를 비롯한, 많은 서구의 철학자들도 육체를 진

리의 훼방꾼으로 간주하여 몸이나 육체를 경멸하고 혐오
했다.[40]

대부분의 서구 지식인들이 지금까지도 감정을, 이성적
인 사고를 결여한 순수 동물적인 것으로 간주하면서 경원
시하거나 싫어하는 것은 인간에 대한 이원론적 견해의 자
연스러운 귀결이라고 할 수 있다. 물론 너스바움은 〈모든
감정을 비합리적인 것으로 낙인찍는 그러한 제안은 불명
확하고, 설득력도 없다. (……) 실제 그러한 감정들은 사고
와 상당히 결합되어 있기 때문이다〉[41]라고 말하면서, 감정
에 대한 서구의 전통적 견해에는 반대한다. 하지만 혐오의
주된 대상이 인간의 동물성이라는 주류적 견해에는 동의
함으로써 여전히 인간에 대한 이원론적 견해에 발목이 잡
혀 있다.

참고로, 서구의 인간에 대한 이원론적 견해는 여성 혐오
를 부추기는 주요한 원인 중 하나였음을 언급하고자 한다.
플라톤과 아리스토텔레스 등 대부분의 서구 철학자들은
남성의 본질을 이성, 여성의 본질을 감정이나 본능이라고
주장했다. 한마디로 남성을 인간의 초월성(이성)을 대변하
는 존재로 본 반면 여성을 인간의 동물성(본능)을 대변하
는 존재로 본 것이다. 이런 견해에 의하면 여성이란 아담에

게 사과를 먹도록 권유해 에덴동산에서 쫓겨나도록 만든 존재, 단지 종족 번식에나 도움이 될 뿐 남성에게 백해무익한 존재일 뿐이다.

여성이란 그의 초월적 날개의 비상을 방해하는 납덩어리다. (……) 이 경우에 여성을 혐오하면 할수록 남자는 초월적인 존재로 비약한다. (……) 철학은 여성의 존재 자체를 남성적 이성에 대한 위협으로 파악한다.[42]

서구의 전통적인 견해에 의하면 여성은 인간의 동물성을 대변하는 존재일 뿐만 아니라 강력한 전염성을 지닌 존재이다. 따라서 이성적으로 살고자 하는 남성들, 초월을 꿈꾸는 남성들은 여성을 멀리해야 마땅하다. 자칫 방심하면 여성적인 것(동물적인 것, 감정, 본능)에 감염되어 남성성(인간성, 이성, 초월성)을 잃을 수 있기 때문이다.

서구 철학의 인간에 대한 이원론적 견해는 기독교에 의해 한층 강화되었다. 기독교는 고상한 인간 정신을 교란하는 동물적 육체를 말 그대로 혐오했다. 중세 시기의 수도사들이 수행이라는 이름으로 자신의 육체를 학대했던 것은 이를 잘 보여 준다. 이와 관련해 김종갑은 〈서양의 사상과 종교는, 자신의 육체를 부정하고 혐오해야만 자기를 완성할 수 있는 존재로 인간을 규정하였다. (······) 이때 자발적인 자기 학대와 고통은 자기를 정화하는 방법이 된다)[43]고 말하기도 했다.

인간에 대한 이원론적 견해는 서구의 지식인들에게 여전히 절대적인 영향력을 미치고 있다. 예를 들면 인간 심리를 동물적 본능과 이성 간의 갈등과 충돌로 해석했던 프로이트의 견해, 인간을 컴퓨터를 달고 있는 동물로 간주하는 미국의 행동주의 심리학 등은 인간에 대한 서구의 이원론적 견해를 그대로 계승하고 있다. 서양의 지적 전통을 고려해 볼 때, 혐오에 관한 서구 이론들 역시 인간에 대한 이원론적 견해로부터 절대적인 영향을 받을 수밖에 없었을 것임을 쉽게 짐작할 수 있을 것이다.

이처럼 서구의 혐오 이론가들은 동물적 육체를 혐오했던 서구의 지적 전통에 따라 인간이 혐오하는 주된 대상이 인간의 동물성이라고 주장한다. 그러나 혐오의 주된 대상이 인간의 동물성이라는 주장에 필자는 동의할 수 없다. 왜냐하면 그런 주장은 인간에 대한 이원론적 견해에 기초하고 있는데, 인간에 대한 이원론적 견해 자체가 잘못된 이론이기 때문이다. 이를 자세히 논하는 것은 글의 목적에서 벗어나므로 여기에서는 혐오와 관련해서만 이 문제를 간단히 언급하기로 한다.

앞서 언급했듯이 서구 이론은 이원론에 기초하여 인간의 육체를 동물과 동일시하고 그것을 인간 정신과 대립하는 것으로 간주한다. 이와 같은 서양의 지적 전통이 이원론이라면, 동양의 지적 전통은 일원론 혹은 통합론이라고 할 수 있다. 동양 철학은 사람을 육체와 정신으로 쪼개서 보지 않고, 전체를 하나로 바라본다. 이것은 육체만을 대상으로 하는 동양 의학조차 인간의 몸을 전체적 견지에서 바라보면서 소우주라고 표현했던 것을 통해서도 알 수 있다. 어쨌든 동양에서는 인간을 동물과 질적으로 다른 존재로 여겼지 동물적 육체에 이성이 탑재된 존재로 보지 않았다. 즉 인간의 육체를 마음과 분리할 수 없는 인간적인 것으로 간주했지 동물과 동일시하지 않았다. 따라서 동양 철학에서는 육체가 정신 혹은 마음과 대립하는 관계에 있다고 보지 않는다.

또한 서구 철학은 욕망이나 감정을 동물적인 것으로 간주하여 적대시했지만, 동양에서는 그것을 동물적인 것으로 간주하지 않았기에 적대시하지 않았다. 한마디로 동양의 지적 전통은 인간의 육체를 동물적인 것으로 간주하지 않았기에 인간의 동물성을 혐오하지 않았다(그것이 불가능했다고 말하는 것이 옳을 것이다). 따라서 혐오의 주된 대상이 인간의 동물성이라는 견해는 서구 사회에서는 어느 정도 통용될 수 있을지 몰라도, 세계적인 보편성을 가진 이론이 될 수는 없다.

인간이 혐오하는 대상은 동물성이 아니다. 이것은 무엇보다 사람들이 모든 동물성을 혐오하지는 않는다는 사실을 통해 확인할 수 있다. 만일 사람들이 싫어하는 것이 정말로 동물성이라면 당연히 모든 동물성을 싫어해야 할 것이다. 그러나 사람들이 싫어하는 것은 동물성 그 자체가 아니라 전염성 혹은 죽음을 연상시키는 것들일 뿐이다. 너스바움은 〈모든 동물성이 우리를 불편하게 하는 것은 아니다〉라고 말하면서 〈우리가 두려워하는 것은 다른 동물과 공유하고 있는 일정한 형태의 취약성이며, 우리 자신이 퇴화되거나 폐기물이 되어 가는 경향〉[44]이라고 말했다. 말을 좀 복잡하게 하고 있어서 그렇지, 결국 혐오가 동물성에 대한 거부가 아니라 전염(전염으로 인한 병이나 죽음)에 대한 거부임을 고백하는 것이다. 다시 말해 너스바움은 사람들이 혐오하는 것이 동물성이라고 주장할 경우 당연히 제기되는 〈왜 동물적인 것 중에서 어떤 것은 혐오하고 다른 것은 혐오하지 않는가?〉라는 정당한 의문을 피해 가기 위해 유한성이나 취약성과 같은 부연 설명을 하고 있다. 이것은 결국 사람들이 혐오하는 것이 동물성이 아닌 다른 것임을 의미한다.

서구의 혐오 이론가들은 동물성의 하나로 인간의 유한성, 즉 죽음을 꼽으면서 인간은 동물성을 대변하는 죽음을 혐오한다는 묘한 결론을 이끌어내기도 한다. 예를 들면 너스바움은 〈혐오는 우리가 될 수 없는 어떤 존재, 즉 동물성을 갖지 않는 불멸의 존재가 되려는 소망을 중심으로 움직인다〉[45]거나 〈혐오는 기본적으로 우리가 지닌 동물성을 숨기고, 우리 자신의 동물성을 꺼려 할 때 현저히 드러나는 유한성에서 벗어나고자 하는 감정이다. (……) 혐오감을 주는 부산물은 부패하고 있고 노폐물로 되어 가고 있는 우리 자신이 지닌 취약성과 연결된 것들이다〉[46]라고 말한다. 이런 식으로 서구의 혐오 이론가들은, 죽음 혐오를 동물성 혐오와 억지로 연결하고 있다. 그러나 나는 모든 인간이 불멸을 소망하기 때문에 죽음을 혐오한다는 주장에 동의하지 않는다. 그리고 죽음을 동물성과 연결시키는 것에는 더더욱 동의하지 않는다. 오래 사는 것은 물론이고 불멸은 인간성과 아무 상관이 없다. 거북이는 인간보다 훨씬 더 오래 사는데, 그렇다고 해서 거북이를 가장 인간적인 동물이라고 말할 수 있을까? 악마는 불멸의 존재인데, 그렇다고 해서 악마를 가장 인간적이라고 말할 수 있을까? 물론 사람들이 질병이나 사고 등으로 인한 불의의 죽음을 혐오할 수는 있다. 그렇지만 나는 천수를 누리다가 자연스럽게 죽는 것까지 혐오하는 사람들은 그렇게 많지 않을 것이라고 확신한다. 사람들이 싫어하거나 두려워하는 것은 썩은 음식을 먹었다가 그것이 큰 병으로 번져 황망하게 죽는 것이다. 그래서 썩은 음식을 혐오하는 것이지 썩은 음식이 인간의 유한성을 연상시켜서 그것을 혐오하는 것은 아니다. 어쨌든 혐오를 인간의 동물성 혹은 인간의 유한성과 연결 지어 설명하려는 시도는 타당하지 않으며, 보편성을 가질 수도 없다는 점을 다시 한번 강조하고 싶다.

결론적으로 혐오는 인간의 동물성에 대한 거부에서 비롯하는 것이 아니다. 혐오는 인간에게 해로운 대상에 대한 감정 반응이다. 특히 당장은 그다지 위협적이지 않지만(자기보다 힘이 약한 대상) 전염성(잠재적인 위험성)이 있어서 그대로 방치했다가는 큰 위험을 초래할 수도 있는 대상에 대한 감정 반응이라고 할 수 있다.

함오는 왜 위험한가

대부분의 혐오 이론가들은 생물학적 혐오가 생존에 도움을 주며 사람에게 기본적으로 유익하다는 점에 동의한다. 반면에 사회적 혐오(너스바움의 표현에 의하면 사회적으로 매개된 혐오)는 개인은 물론이고 사회의 유지나 번영에 이롭기보다는 해로울 가능성이 더 높다고 강조한다. 나는 특수한 도덕적 혐오[1]를 제외한다면, 사람을 대상으로 하는 사회적 혐오는 무조건 나쁘다는 입장을 피력한 바 있다. 그러면 지금부터는 사회적 혐오가 왜 위험한지 구체적으로 살펴보기로 한다.

2장 혐오는 왜 위험한가

1
합리적 사고 방해

대부분의 혐오 연구자들은 혐오가 합리적인 사고를 결여(보다 정확하게는 〈합리적인 사고의 방해〉)하고 있다고 주장한다. 그들은 〈분노는 말이 통하는 감정이지만 혐오에는 《왜》나《이유》가 없다〉[2], 〈혐오가 담고 있는 인지적 내용에 심각한 문제가 있다〉[3], 〈혐오주의는 감정에서 출발하여 하나의 신념으로 확장되는 특징을 가지고 있다〉[4]면서 혐오가 합리적 사고의 방해물이자 적(敵)임을 공통적으로 강조한다. 혐오는 왜 합리적 사고를 방해하는 것일까?

대상에 대한 인식 자체를 거부하게 만든다

일단 혐오의 원인을 논외로 두고 말한다면, 혐오의 가장 큰 위험성 중 하나는 그것이 객관적이고 합리적인 인식을 불가능하게 만든다는 데 있다. 만일 누군가를 혐오하고 있다면 그의 얼굴을 쳐다보기조차 싫을 것이다. 이럴 경우 그가 어떻게 생겼는지를 정확하게 인식하기란 불가능하다. 이 주민을 혐오하는 사람은 이주민에 대해 생각하기조차 싫을 것이고, 북한을 혐오하는 사람은 북한에 대해 생각하기조차 싫을 텐데, 이 경우 이주민이나 북한에 대해 정확한 인식은 불가능하다.

혐오가 가진 최대의 위험은 말을 무의미하게 만드는 혐오의 생리에 있다. 우리는 혐오를 자극하는 대상에 대해서 생각도 하기 싫어한다. 생각의 부재는 언어의 부재가 아닌가. 언어가 끝나는 막다른 골목에서 혐오가 시작되는 것이다.[5]

혐오가 대상에 대한 정확한 인식을 불가능하게 만드는 것은 감정의 상대적 불변성과도 관련이 있다. 사람들은 상당한 시간에 걸쳐 이러저러한 경험을 하면서 어떤 대상에 대한 감정을 형성한다. 그런데 시간이 흐르면 과거의 경험들은 망각되는 반면, 감정은 누적되면서 점점 더 강고해지고 강해진다. 직장 상사에게 긴 세월 괴롭힘을 당한 부하 직원은 상사가 자신을 괴롭혔던 과거의 시시콜콜한 기억들은 거의 다 잊어버리더라도 미움의 감정은 과거보다 훨씬 더 커져 있을 것이다. 감정은 지식이나 기억이 망각되더라도 상대적으로 불변하면서 강해지는 특성이 있는데, 그로 인해 정확한 인식이 방해받을 수 있다. 통속적으로 말해, 일단 누군가에게 미운털이 박히고 나면 내가 하는 짓마다 그 사람한테는 밉게 보이는 것이다. 일단 어떤 사람을 혐오하게 되면 그에게 혐오할 만한 이유가 없다는 것을 알게 되더라도 혐오 감정이 금방 혹은 쉽게 사라지지 않는 것은 이 때문이다. 감정의 상대적 불변성에 대해 너스바움은 다음과 같이 지적했다.

가장 확고한 의지를 가지고 도덕적 자기 개선을 실천해 나가는 사람이라고 해도 (깊이 뿌리 내린 감정을 변화시키기란) 쉽지 않다. 그래서 믿음의 변화에 따라 감정이 변화된다는 관점을 지닌다고 해서 그러한 변화가 쉽고 빨리 이뤄질 것이라고 생각한다면 이는 어리석은 일이 될 것이다.[6]

경계 짓기와 이분법적 사고

〈혐오는 자신의 몸 안과 밖이라는 경계와 관련이 있다〉[7]는
너스바움의 주장처럼, 혐오의 핵심 관념인 전염성은 흔히
경계 짓기 경향으로 이어진다. 전염 혹은 오염은 위험한 물
질이 자신의 몸 안으로 들어오면서 시작된다. 이 때문에 전
염에 대한 공포는 자신의 몸과 몸 밖을 구분하고 몸 밖의 위
험 물질이 몸 안으로 들어오지 못하게 경계하고 방어하려
는 동기를 일으킨다. 나아가 이것은 몸 안(경계의 안쪽)은
안전하지만 몸 밖(경계의 바깥쪽)은 위험하다는 식의 사고
로 이어질 수 있다.

생물학적 혐오의 경우에는 몸을 경계로 삼겠지만 사회
적 혐오는 일반적으로 사회 집단을 매개로 경계가 정해진
다. 사람들은 자신이 소속되어 있거나 소속되기를 원하는
집단을 내집단in group으로, 그렇지 않은 집단을 외집단out
group으로 간주한다. 그렇게 내집단은 너그럽게 대하는 반
면 외집단은 야멸차게 대하는 경향(이 경향성의 정도는 개
인차가 크다)이 있다. 이런 경향이 혐오와 연결되면 내집단
을 제외한 외집단들은 쉽게 혐오의 대상이 될 수 있다.

또한 이방인, 낯선 사람들도 경계 밖에서 들어온 사람들
로 간주됨으로써 혐오의 대상이 될 위험이 크다. 이와 관련

해 김용환 교수는 〈이방인은 모두 잠재적 위협자로 인식되기 쉽다. (……) 낯선 이들은 모두 이방인이다.《자기》또는《우리》에게 속하지 않은 대상은 모두 이방인, 낯선 이가 될 수 있다〉[8]고 말하기도 했다. 일부 학자들은 혐오가 초래하는 경계 짓기의 경향이 비단 집단만이 아니라 사회적 관습 등을 매개로 작동할 수도 있다고 본다. 예를 들면 인류학자 메리 더글러스Mary Douglas는 〈사회적으로 부과된 경계를 위반하고 있다는 사실이 어떤 사물을 불순하고 혐오스럽게 여기도록 만들 수 있다〉고 주장했다.[9]

경계 짓기는 이분법적 사고 혹은 흑백 논리로 이어질 위험이 크다. 경계 안은 항상 선이고 경계 밖은 항상 악이라는 식의 전형적인 이분법적 사고를 초래하거나 경계 안과 밖에 대해 이중 기준을 적용할 위험성이 커진다. 당연한 말이지만, 이분법적 사고나 흑백 논리는 정확한 인식을 방해하는 주범이다.

혐오를 정당화하기 위한 합리화

어떤 대상이 혐오스러운데 그 이유를 잘 모르겠는 경우에 사람들은 혐오의 이유를 찾으려 한다. 사람들은 항상 〈왜?〉에 대한 답을 찾는 존재이기에 그렇고, 무엇보다 자기 자신을 납득시키기 위해서라도 그렇게 한다. 예를 들면 쥐가 혐오스러운데 그 이유를 모르겠다면 쥐는 곡식을 훔쳐 먹고 병균을 옮긴다는 등의 이유를 찾아내 자신의 혐오 감정을 정당화하는 식이다. 그런데 어떤 대상이 별다른 이유 없이 혐오스러워서 열심히 이유를 찾아보았는데, 뚜렷한 이유를 찾을 수가 없다면 어떻게 할까? 즉 어떤 대상을 자기도 모르는 사이에 혐오하게 되었지만, 뚜렷한 이유를 찾지 못하는 경우에 사람들은 어떻게 할까? 물론 혐오를 정당화해 줄 수 있는 이유를 계속 찾아보겠지만, 그것이 여의치 않으면 일단은 합리화를 시도할 가능성이 높다.

혐오를 정당화하기 위해 합리화를 시도한다는 것은 곧 혐오할 아무런 이유가 없는데도 혐오 대상에 대해 지식을 왜곡하거나 조작하는 것을 말한다. 물론 그 혐오 대상이 사람이 아니라면 별문제가 아니다. 박쥐를 혐오하는 사람에게 왜 박쥐를 혐오하느냐고 물었을 때, 그가 〈몰라. 그냥 싫어〉라고 대답하더라도 아무 문제가 되지 않는다. 박쥐 혐오는 그야말로 개인 취향의 문제일 뿐이다. 하지만 이주민을 혐오하는 사람에게 그 이유를 물을 때, 그가 〈몰라. 그냥 싫어〉라고 대답하면 문제가 될 수밖에 없다. 사람을 대상으로 하는 혐오의 경우 사람들은 자신의 혐오 감정을 정당화해 줄 수 있는 합리화를 시도하기 마련이다. 그래야 자기 자신을 납득시킬 수 있고, 타인들로부터도 정당성을 인정받을 수 있기 때문이다.

〈혐오주의는 혐오 대상이 가지는 속성을 본질로 왜곡하여 비판, 폄하, 왜곡 그리고 공격한다는 특징을 가지고 있다.〉[10] 혐오와 관련된 가장 흔한 합리화는 부분(혹은 부분적인 속성)을 전체나 본질로 왜곡하는 것이다. 예를 들면 어떤 사람이 과거에 한두 번이라도 사소한 거짓말을 한 적이 있으면 그것을 본질로 왜곡해 그를 거짓말쟁이로 낙인찍거나 전라도 사람이 범죄를 저질렀던 몇몇 사례를 전체로 왜곡해 전라도 사람들은 다 범죄 성향을 가지고 있다고 왜곡하는 식이다. 혐오를 정당화하기 위한 합리화에는 흔히 가짜 정보가 동원되기도 한다. 예를 들면 외국인 노동자들은 대부분 본국에서 추방된 범죄자들이라거나 이슬람 문화권 남성들은 습관적으로 성폭력을 한다는 따위의 가짜 정보까지 동원해 자신이 품고 있는 외국인 노동자나 이주민 혐오를 합리화하는 것이다.

2
공존 거부

혐오는 어떤 존재의 행동이나 일부 특성을 거부하는 것이 아니라 그 존재 자체를 거부하는 것이다. 다음의 인용문은 혐오가 존재 자체와 관련된 감정이라는 것을 명쾌하게 설명해 주고 있다.

독버섯과 같이 위험한 대상은 그것을 섭취하지만 않는다면 같이 있어도 아무렇지 않지만, 혐오스러운 대상은 그렇지 않다. 또한 독을 제거한 독버섯처럼 위험이 제거되면 위험한 대상은 먹을 수 있지만, 혐오스러운 대상은 모든 위험이 제거된다 할지라도 여전히 혐오스러운 것으로 남아 있다.[11]

존재 자체를 거부한다는 것은 그 존재와 관계를 맺는 것조차 거부한다는 것을 의미한다. 처음에는 서로 사이가 나쁜 사람들일지라도 꾸준히 관계를 맺다 보면 사이가 좋아질 수 있다. 그러나 혐오 대상과 관련해서는 이것이 불가능한데, 혐오 대상과는 아예 관계 맺기조차 거부하기 때문이다.

그가 사람인 이상, 어떤 존재와 관계 맺기를 거부하는 것은 그를 자신과 동등한 인간으로 취급하지 않겠다고 선언하는 것이나 마찬가지다. 즉 상대방을 인간으로 간주하지 않겠다(인간 이하의 존재로 간주하겠다)는 것이다.

개똥은 무서워서 피하는 것이 아니라 더러워서 피한다는 속담이 있지만 우리는 혐오스러운 사람을 자기와 같은 사람으로 취급하지 않는다. 개와 더불어서 이치를 따지는 사람이 어디에 있는가! 혐오스런 사람과는 말도 섞지 않으려고 한다.

이 점에서 혐오는 상대방을 동물화하는 감정이다. 상대를 나와 질적으로 다른 타자, 열등한 타자, 동물적 타자로 만드는 것이다.[12]

혐오는 존재 자체를 거부하는 것이고 그 존재와의 공존

을 거부하는 것이다. 따라서 일단 어떤 사회 집단이 혐오의 대상이 되고 나면 그들의 행동거지가 달라지거나 특성이 변한다고 하더라도 그 사회 집단은 의연히 혐오 대상으로 남아 있을 가능성이 높다. 사회적 혐오가 바람직하지 않으며 대단히 위험한 것은 바로 이 때문이다.

3

혐오 대상에 대한 공격

공존의 거부는 혐오 대상에 대한 공격을 초래할 개연성을 높인다. 특히 거부 대상이 바다 건너의 외국에 있지 않고 같은 공간(경계의 안쪽)에 있다면, 그런 상황은 필연적으로 심리적 고통이나 긴장을 고조시킬 것이고 공격적 행동을 촉발케 할 위험도 커진다.

혐오 대상에 대한 공격은 차별 대우나 정치적 탄압, 나아가 테러나 살인 등으로 표현될 수 있다. 사실 혐오에 바탕을 둔 모든 공격적 행동의 기저에 깔려 있는 심리는 〈저놈 죽여라〉일 수밖에 없다. 혐오는 공존을 거부하게 만드는 강렬한 감정이기 때문이다. 김종갑은 혐오의 감정이 극단화되면 〈저놈 죽여라〉로 행동화된다고 강조하면서 남북전쟁에서 패배한 남부의 일부 과격한 백인 우월주의자들이 결성한 KKK단을 단적인 예[13]로 거론하기도 했다.

어떤 사회에서 혐오 대상에 대한 공격이 심해지면, 마녀 사냥의 광기가 뒤덮을 위험이 커진다. 앞에서 살펴보았듯이, 혐오는 약자와 소수자를 향해 퍼붓는 강자의 감정이다. 어떤 사회에서 혐오 공격이 심각하다는 것은 그 사회의 권력을 거머쥔 집단이나 다수자들이 사회적 약자나 소수자들을 대상으로 공격하고 있다는 의미이지 그 반대가 아니다. 이런 사회 분위기 속에서 일반인들 역시 지배층이나 힘 있는 집단의 압력으로부터 자유롭지 않다. 일반인들 역시 〈너희들은 왜 공격을 안 하는 것이냐? 저놈들 편이냐? 우리 편이 아니면 다 적이다〉라는 공격이 두려워 마녀 사냥에 동참하거나 그것을 방관하게 된다. 그 결과 그 사회는 마녀 사냥의 광기가 지배하는 야만적인 사회로 전락한다.

혐오주의는 침묵 효과를 낳거나 반대로 미러링mirroring 이라 불리는 백래쉬backlash 현상을 낳는다. 혐오주의는 기본적으로 다수자가 소수자에게 가하는 거부의 태도이다. (······) 약자들은 반론의 기회를 박탈당하기 쉽다. 이를 강요된 침묵 효과라고 할 수 있다.[14]

마지막으로 강조하고 싶은 것은, 혐오 현상이 더 큰 혐오 현상을 초래하는 경향이 있다는 점이다. 이것은 지금까지 살펴본 혐오의 위험성에서도 유추할 수 있는 결론이다. 일단 어떤 집단이 혐오 대상으로 낙인찍히고 나면, 과거에는 그 집단에 무관심하거나 혐오하지 않던 사회 구성원들까지도 그 집단을 혐오할 수 있다. 그 결과 그 집단에 대한 기존의 혐오가 한층 더 심해질 위험이 있다.

혐오 감정은 혐오주의자가 혐오 대상에 대해 더욱더 불관용적 태도를 갖게 만든다.[15]

이와 동시에 혐오 현상이 심해질수록 혐오 대상으로 낙인찍힌 집단은 과거보다 훨씬 더 위축되고 겁에 질리게 되어 혐오 공격에 속수무책으로 당하게 될 것이다.

왕의 이론

혐오는 사회의 안전 그리고 자신의 사회적 생명을 위협한다고 여겨지는 집단을 대상으로 하며, 그중에서도 공격하기에 만만하고 힘이 약한 집단에 대한 감정이다. 우리는 이 사실만으로도 혐오의 원인이 무엇인지를 대략 짐작할 수 있다. 지금부터는 혐오의 원인에 대해서 좀 더 구체적으로 짚어 보기로 한다.

1
혐오의 심리적 원인

사회적 혐오는 사회적 생명과 관련이 깊지만, 그렇다고 육체적 생명을 완전히 무시하는 것은 아니다. 육체적 생명은 사회적 생명을 가능하게 해주는 바탕이다. 계속 밥을 굶어서 피골이 상접한 상태로 인간다운 삶을 운운하기란 어려울 것이다. 그러나 사회적 혐오는 육체적 생명보다는 사회적 생명에 대한 위협과 더욱 밀접하다. 사람들은 어떤 경우에 사회적 생명에 위협을 느낄까? 한마디로 정신적 안정이 심각하게 파괴될 때, 정신적으로 매우 고통스러울 때이다. 정신적 안정의 파괴는 정신병리 현상과 밀접한 관련이 있다. 따라서 사회적 혐오는 많은 경우 정신병리적 혐오라고 할 수 있다.

분풀이로서의 혐오

〈종로에서 뺨 맞고 한강에서 화풀이한다〉는 말이 있다. 누군가한테 뺨을 맞아서 화가 나고 분한데, 자신의 뺨을 때린 사람을 응징할 수 없을 때에는 엉뚱한 대상에게 분풀이한다는 뜻이다. 누군가에게 뺨을 맞았지만 그에게 분노할 수 없는 상황은 정신 건강을 심각하게 위협한다. 뺨을 맞은 사람은 모욕감, 수치심, 분노와 증오, 자기 모멸감, 무력감 등으로 고통받는다. 이 경우 사람들은 엉뚱한 대상이나 자기보다 약한 사람에게 분풀이하는 경우가 많다. 책상 위의 물건을 집어던지거나 길거리의 쓰레기통을 차는 식으로 애꿎은 물건에다 분풀이하기도 하고, 자기보다 약한 사람한테 분풀이하기도 한다.

> 종로에서 뺨을 맞았으면 가해자에게 책임을 묻고, 그 자리에서 화를 풀어야 한다. 그래야 후유증도 남지 않는다. 그러나 못난 사람은 아무 죄 없는 강아지에게 발길질을 하거나 그것도 안 되면 한강에서 분풀이로 침을 뱉는다. 혐오는 감정의 침 뱉기다.[1]

다른 데서 뺨을 맞고 분풀이 대상을 찾는 사람들에게 혐오는 유력한 탈출구가 될 수 있다. 혐오의 대상이 되는 집단은 대체로 사회적 약자이거나 소수자인데, 주류 사회에서 뺨을 맞으면서 사는 사람들이 그들을 혐오 대상으로 삼기란 어렵지 않기 때문이다.

기본적인 욕구의 좌절은 통상적으로 분노를 유발한다. 욕구 좌절이 심각해 분노 수준이 높지만, 그것을 올바른 방향으로 건강하게 표출할 수 없는 사회가 있다면, 그 사회에서는 누군가에게 분풀이하려는 사람들이 갈수록 늘어나고, 그와 비례해 혐오 현상이 심해질 수밖에 없다. 기어이 분풀이해야만 하는 사람들에게 혐오 대상이란 혐오할 만한 이유가 있어서 혐오를 쏟아내는 집단이 아니다. 운 나쁘게도 분풀이 대상으로 걸려든 만만한 집단일 뿐이다. 한국 사회에서 혐오 대상의 종류가 점점 더 많아지고 주요한 혐오 대상이 빈번히 바뀌는 것은 이 때문이다.

자기보호를 위한 혐오

사상의 자유가 인정되지 않는 사회에서, 자신이 금지된 사상을 가진 사람으로 몰릴까 봐 두려워 혐오의 대열에 동참하는 사람들이 많다. 기독교 이외의 다른 사상은 이단으로 몰던 서양의 중세 시대가 그 예다. 당시 사람들은 자신이 이단으로 몰릴까 봐 마녀 사냥에 동참했다.

사람들은 자신의 약점이나 결점, 몹시 싫어하는 어떤 것을 직면하지 않기 위해서 누군가를 혐오하기도 한다. 자신이 흑인인 것을 몹시 싫어하는 흑인이 다른 흑인들을 혐오하는 것, 자신의 추한 외모에 질색하는 사람이 못생긴 사람들을 혐오하는 것, 자신의 가난을 싫어하는 사람이 가난한 이웃들을 혐오하는 것 등을 예로 들 수 있다. 이들은 타인을 혐오하면서 자신은 그들과 다르다는 착각에 빠짐으로써 안전감과 쾌감을 느낀다. 제1차 세계 대전 이후에 패전국으로 전락한 독일의 남성들은 자신의 나약함을 직면하는 것을 너무나 두려워했고, 그런 두려움으로부터 자기를 보호하기 위해 순수(?)하고 건장하지 못한 이들을 혐오했다. 그래야만 자신들이 순수하고 건장하다고 믿을 수 있었고, 안전감을 느낄 수 있었기 때문이었다.

순수한 독일 남성의 깨끗하고 안전한 건장함은 여성-유대인-공산주의자의 유동적이고, 악취 나는 더러움과 대비되었다.[2]

너스바움은 이런 혐오를 투사적 혐오projective disgust로 정의하면서 〈특정 집단에 대한 혐오는 자주 이러한 집단이 표상하는 우리 자신에 관한 어떤 것을 우리 자신에게서 차단하려는 욕구를 반영한다〉[3]고 말했다. 김용환은 투사적 혐오가 〈자신의 약점(불안감, 박탈감, 열등감, 무력감 등)을 감추고 다른 사람을 주저 없이 희생양으로 만드는 경향이 강하다〉[4]고 주장한다.

외국인을 혐오함으로써 자신이 외국인이 아니라는 사실에 안도하고, 사회적 약자를 혐오함으로써 자신이 주류 집단에 소속되어 있다는 것에 안도한다. 이러한 자기보호적 혐오는 자기혐오와 밀접한 관련이 있는데, 이에 대해서는 뒤에서 다루기로 한다.

우월주의적 혐오

우월주의자는 자신이 남보다 잘나고 힘 있는 존재임을 강박적으로 확인하려고 한다. 자신이 반드시 잘난 사람, 힘 있는 사람이 되어야만 한다는 강박적 욕망 아래에는 사랑과 인정을 잃을지도 모른다는 두려움, 나아가 버림받을지도 모른다는 두려움이 깔려 있다. 자신이 형편없는 인간이라고 믿고 있는(이러한 믿음은 무의식적일 수 있다) 사람, 요즘 유행하는 말로 자존감 낮은 사람이 가장 두려워하는

3장 혐오의 원인

것은 타인들이 언젠가는 자신의 정체를 알게 될 것이고 그 결과 더 이상 자신을 사랑해 주지 않을 것이고 버림받을 거라는 사실이다. 따라서 이런 사람은 자신이 형편없는 인간이 아니고 그 반대의 인간이라는 것을 남들한테 끊임없이 보여 주고 확인받으려 한다. 그럴 때에만 안심할 수 있다. 이것은 우월주의자가 실제로는 열등감의 화신이자 자존감 낮은 사람임을 의미한다.

우월주의의 포로가 된 사람은 자기보다 열등한 사람을 혐오함으로써 자기가 우월한 존재임을 확인하려 하고, 자기보다 힘없는 사람을 혐오함으로써 자기가 힘 있는 존재임을 확인하려 한다. 사실 우월주의자에게는 타인을 혐오할 수 있다는 것 자체가 자동적으로 자기가 강자이며 힘 있는 존재라는 것을 보증해 주는 효과가 있다. 〈혐오의 주체는 혐오의 대상에 대해서 우월한 위치에 설 수 있게 된다. 혐오는 나르시시즘을 강화하는 것이다〉[5]라는 주장처럼, 우월주의적 혐오는 본질적으로 자기보호적 혐오 혹은 자기애적 혐오에 속한다고 할 수 있다.

자본주의 세계가 말기적 증상으로 인해 병들어 가면서 가정과 공동체가 심각하게 파괴되었다. 그 결과 애정 결핍이 보편화되었다. 애정 결핍자는 자기가 사랑받을 만한 가치가 있는 사람이라는 무의식적 신념을 결여하고 있을 가능성이 높다. 즉 열등감이 심하고 자존감이 낮은 사람이 되기 쉽다는 것이다. 따라서 애정 결핍자는 타인들 혹은 사회로부터 버림받을지도 모른다는 유기 공포에 끊임없이 시달린다. 이런 사람에게 혐오는 자신이 우월한 존재이고 괜찮은 존재, 즉 버림받을 위험이 없는 사람임을 확인하는 병적인 수단이 될 수 있다. 오늘날 현대인들이 거의 병적으로 우월주의에 집착하고 자기보다 열등한 것으로 간주되는 사람들을 대상으로 우월적 쾌감을 추구하는 것은 애정 결핍의 보편화와 밀접한 관련이 있다.

경쟁에서 승리해 높은 지위를 차지하려 하거나 비싼 물건을 구입해 남들한테 자랑하려는 것 등도 대체로 자기가 남들보다 우월하다는 사실을 과시하거나 확인하고자 하는 욕망에서 비롯된다. 그런데 내가 남들보다 우월하다는 사실을 확인하면서 우월적 쾌감을 느낀다는 말은 곧 타인들을 깔보고 경멸하고 혐오하면서 쾌감을 느낀다는 말과 같다. 이것은 당연히 가학적이고 정신병적인 쾌감일 수밖에 없는데, 문제는 오늘날 대다수의 현대인들이 크건 작건 이런 우월주의에 물들어 있다는 사실이다. 개개인들의 우월주의가 사회적·국가적 차원에서 작동하면 타민족이나 타인종을 혐오하는 사회 현상이 발생할 수 있다.

자기혐오와 인간 혐오

혐오라는 주제를 다루면서 반드시 짚고 넘어가야 할 것이 있다. 생물학적 혐오와는 달리, 사람을 대상으로 하는 사회적 혐오는 그 표현 방식이 무엇이든 간에 본질적으로 인간 혐오라는 사실이다. 일찍이 심리학자 에리히 프롬은 현대인들이 나날이 인간을 사랑할 수 있는 능력을 상실해 가고 있음을 개탄한 바 있다.[6] 인간을 사랑할 수 있는 사람은 당연히 자기를 사랑한다. 나 역시 인간이므로 나를 사랑할 수 있기 때문이다. 인간으로서의 나를 사랑하는 사람은 타인도 사랑한다. 다른 사람들 역시 인간이므로 그들을 사랑할 수 있기 때문이다. 그런 의미에서 타인을 혐오하는 사람이란 본질적으로 인간을 사랑할 수 있는 능력을 상실한 사람이다.

인간을 사랑하는 능력을 상실한 사람은 자기 자신을 사랑하지 못한다. 그는 인간으로서의 나를 사랑하지 못하기 때문에 자기의 치장물이나 소유물을 사랑한다. 즉 그가 사랑하는 것은 존재 자체 혹은 인간으로서의 자기가 아니라 돈, 권력, 사회적 지위 등이다. 이런 사람은 사실상 자기를 혐오하는 사람이다. 이것은 부자로서의 자기를 사랑하던 사람이 빈털터리가 되면 즉시 자기를 혐오하는 모습을 통해서 쉽게 확인할 수 있다.

지금까지의 논의를 조금 바꿔서 표현하면, 사람들은 자기가 되기를 바라는 나에 미치지 못하는 현실의 나를 혐오한다고 말할 수 있다. 김종갑은 이상적인 나(내가 되기를 바라는 나)에 미치지 못하는 현실적인 나에 대한 혐오에 대해 다음과 같이 말했다.

현실의 나와 이상적인 나 사이에는 균열의 간극이 크게 생길 수 있다. 이 틈새에서 자기혐오의 싹이 고개를 내밀기 시작한다. 나는 내가 생각하는 내가 아닌 것이다.[7]

이상적인 자기상에 도달하지 못해서 자기를 혐오한다는 것은 결국 존재 자체로서의 나, 인간으로서의 나는 사랑하지 못한다는 것을 의미한다. 즉 이상적인 내가 되려면 사회적 성공이나 큰 부를 일구는 등 특정한 조건을 갖추어야 하지만, 그렇지 못할 경우에는 자기혐오가 생겨난다는 것이다.

오늘날 많은 한국인들이 단지 가난하다는 이유만으로

자기를 혐오하고 있다. 자기의 가난, 혹은 가난한 자기를 사랑하고 나아가 자랑스러워하는 한국인을 찾아보기란 정말 어렵다. 가난한 자기 혹은 패자로서의 자기를 사랑할 수 없다는 것은 결국 인간으로서의 나를 사랑하지 못한다는 것을 의미한다. 만일 내가 인간을 사랑할 수 있는 능력을 갖고 있다면, 내가 나를 사랑하기 위한 조건은 단 한 가지다. 내가 인간이기만 하면 된다. 즉 내가 인간성을 완전히 상실한 괴물이 아닌 이상, 나를 사랑하기 위해 더 필요한 조건이란 없다. 다시 강조하지만, 자기혐오자란 곧 인간 혐오자이고 그는 사실상 모든 인간을 혐오하는 자이다. 힘 있는 사람을 혐오하는 것이 위험하거나 불가능해서 힘이 약한 사람에 대해서만 혐오 감정을 표출할 뿐이다. 그것이 이주민 혐오이든, 여성 혐오이든, 성소수자 혐오이든 간에 사람을 대상으로 하는 모든 혐오는 본질적으로 인간 혐오이다.

따라서 여성은 혐오하지만 남성은 사랑한다, 사회적 약자는 혐오하지만 나머지는 사랑한다, 타자는 혐오하지만 나는 사랑한다는 말은 성립할 수 없다. 혐오의 대상이 되는 사람이 누구이든 간에, 사람을 혐오하는 자는 자기혐오자이고 인간을 사랑할 수 있는 능력을 상실한 사랑의 무능력자이다. 오늘날 혐오가 날로 기승을 부리는 것은 현대인들이 인간을 사랑하는 능력을 상실하고 있다는 방증이자, 우리가 자기혐오자가 되어 가고 있는 것과 궤를 같이하는 현상이다.

2
혐오의 사회적 요인

오늘날 자본주의 사회에서 살아가고 있는 사람들을 가장
고통스럽게 하고 있는 것은 끊임없는 생존 위협으로 인한
불안의 일상화·만성화이다. 만성적인 불안은 사회 안전
망이 부실한 신자유주의적 자본주의 사회일수록 한층 심
각하다. 사람은 최소한 인간으로서의 존엄성을 유린당하
지 않을 정도의 삶을 누릴 때라야 사람답게 살고 있다고 느
낀다. 즉 이런 조건하에서만 사회적 생명이 위협당하지 않
는다고 안심할 수 있는 것이다. 그러나 자본주의 사회에서
살아가고 있는 파편화된 개인들은 인간으로서의 존엄성을
지켜 나가는 삶은커녕 초보적인 생존 수준조차 지켜 내기
버겁다. 이런 현실로 인해 극심한 불안과 공포에 시달리고
있다. 이들은 경쟁에서 패배하면 길거리에 나앉게 될지도
모른다는 불안과 공포에 시달리고, 돈을 못 벌면 사람대접

을 못 받을 거라는 불안과 공포에 압도당하고 있다. 그 결과 이들은 우월주의나 돈을 강박적으로 추구하고, 그것이 좌절되면 자기를 혐오하고 타인들을 혐오하며 궁극적으로는 세상까지 혐오한다. 이런 비극적 상황이야말로 각종 사회 병리 현상과 정신 장애 그리고 혐오 현상에 끊임없이 자양분을 공급해 주는 사회적 원천이다.

이 때문에 대표적인 혐오 연구자 너스바움은 인권 개념에는 반드시 사회·경제적 권리가 포함되어야 하며, 국가가 인간 존엄성을 보장하는 주체로 나서야 한다고 주장하고 있다. 지금까지는 인간의 존엄성 문제(인간으로서의 존엄성을 유지할 수 있을 정도의 삶의 수준)가 전적으로 개인들에게 맡겨져 왔지만, 그것은 바람직하지 않을 뿐만 아니라 그런 식으로는 인간 존엄성을 보장할 수 없는 상황이 되었다. 이제는 국가가 인간 존엄성을 책임지는 쪽으로 발상의 전환을 해야 하는 것이다. 최근 들어 세계적인 차원에서 북유럽형 모델(사회 안전망의 중요성)이나 기본 소득제와 관련된 논의, 나아가 사회주의에 대한 토론이 활발해지고 있는데, 이와 같은 정당한 인식을 반영하는 현상이다. 국가 혹은 공동체가 국민들에게 최소한의 생존을 책임지고 보장해 주어야 개인들은 사회적 생명의 위협으로부터 자유

로워질 수 있다. 그렇게 된다면 혐오 현상은 자연히 큰 폭
으로 줄어들 것이다.

혐오 현상을 내심 즐기면서 그것을 조장하고 부추기고
있는 사회 집단 역시 혐오 현상의 원인으로 작용하는 사회
적 요인이다. 인류 역사를 살펴보면, 반민중적인 지배층은
혐오 현상을 반겼을 뿐만 아니라 그것을 적극 이용해 왔음
을 알 수 있다. 사회에 혐오 현상이 만연해 있다는 것은 곧
사회 구성원들이 분열되어 서로를 공격하고 있음을 의미
한다. 이것은 반민중적 지배층이나 기득권층이 간절히 바
라는 바이다. 사회 구성원들이 서로 화목하고 단결되어 있
으면 분노가 위쪽으로 향할 테지만, 서로 갈등하고 분열해
있다면 분노는 아래쪽으로 향하면서 혐오로 변질하기 때
문이다. 카롤린 엠케는 〈공식적으로는 증오와 폭력에 거리
를 두면서도 항상 증오와 폭력의 수사를 마련하고 있는 이
들〉을 증오의 공급자들로 지칭[8]한다. 그녀는 다음과 같이
말했다.

증오와 공포로부터 이득을 취하는 자들도 증오와 공포
에 불을 붙이는 일에 누구보다 열심이다. (……) 그들은
모두 거리의 〈폭도〉라 불리는 이들로부터 거리를 두고

싫어 하면서도 그들을 이용해 경제적 이익을 취하는 방법은 아주 잘 알고 있다.[9]

사회적 혐오는 많은 경우 자연발생적이기보다는 그것을 필요로 하는 사회 집단에 의해 인위적으로 만들어진다. 〈권력이 사회악으로서 혐오의 대상을 만들어 냈다는 사실은 아무리 강조해도 지나치지 않는다〉,[10] 〈정치인들의 혐오 발언이 혐오주의 행동의 확장을 부추기는 숨은 배후이다〉,[11] 〈혐오주의 확산의 배후에는 증오 상업주의hatred commercialism(강준만 교수가 만들어 낸 조어로 증오의 감정까지 상업적으로 이용하는 것을 말한다)가 자리 잡고 있다〉[12]고 하면서 혐오 연구자들이 입을 모아 권력층이나 상업주의적 언론 등을 규탄하고 있는 것은 이 때문이다.

혐오의 원인에 관한 논의를 마무리하면서 극단주의와 혐오 사이의 관계에 대해 간단히 언급하고 싶다. 나는 『그들은 왜 극단적일까』라는 저서에서 극단주의를 광신에 사로잡혀 세상을 배타적으로 대하고 자신의 믿음을 타인들에게 강요하는 것으로 정의했다.[13] 또한 극단주의의 가장 중요한 특징이 배타성임을 논증하면서 그것이 혐오와 밀접한 관련이 있다고 언급했다.

배타성과 혐오는 서로를 촉진하는 관계에 있는데, 그것은 무엇보다 배타성과 마찬가지로 혐오 역시 두려움에서 비롯되는 것이기 때문이다. (……) 배타성은 외부 세계에 대한 두려움에서 비롯된다. 혐오도 마찬가지인데, 혐오가 두려움과 밀접한 관련이 있음은 인류가 뱀을 혐오하는 이유를 생각해 보면 쉽게 이해할 수 있다. 인류는 독사에게 물려 죽는 경험을 반복하면서 뱀에 대한 혐오 반응을 후손들에게 유전적으로 물려주게 되었다.[14]

극단주의와 혐오 사이의 관계를 간단히 요약해 보면 다음과 같다. 외부 세계로 통하는 문을 걸어 잠그고 외부 세계를 적대시하는 배타적인 태도는 필연적으로 자신을 위협한다고 여기는 대상에 대한 분노 감정을 촉발하는데, 그것이 힘이 약한 대상에 대해서는 혐오로 표현된다. 이것은 극단주의가 혐오보다 더 큰 범주의 개념임을 의미한다. 극단주의는 혐오를 포함할 수도 있고 포함하지 않을 수도 있다. 따라서 누군가가 어떤 대상을 혐오한다고 해서 그가 반드시 극단주의자인 것은 아니다.

배타성, 광신, 강요가 결합되면 혐오는 필연적으로 유발

된다. 하지만 (⋯⋯) 누군가가 어떤 대상을 혐오한다고
해서 그것만으로 그를 극단주의자라고 단정할 수는 없
다.[15]

4장

한국 사회에서의 믿음

한국 사회에서 혐오 현상은 비교적 최근에 발생했다. 1980년대까지만 해도 한국 사회에는 혐오 현상이 거의 없었다. 현재 관용적으로 사용되고 있는 의미에서의 〈혐오 범죄〉라는 용어가 등장한 것은 1990년대 이후[1]이며, 여성 혐오라는 용어 역시 21세기 이후에 등장했다. 김진호 등은 『우리 시대 혐오를 읽다』[2]에서 1997년 IMF 외환위기, 2008년 금융위기 사태를 겪으면서 한국 사회에 인종, 민족, 국적, 성별, 연령 등을 이유로 행해지는 차별과 혐오 표현이 늘어났다고 강조하고 있다. 그렇다면 왜 한국에서는 1990년대 이후부터 혐오 현상이 나타나기 시작했고 그것이 나날이 더 심해진 것일까?

첫째, 분노를 올바른 목표를 향해 건강하게 표출할 통로가 차단되었기 때문이다. 1980년대 이전까지 한국인들은 국민을 억압하고 괴롭히는 주범이 누구인지 뚜렷하게 알수 있었다. 그것은 군부 독재였다. 그런데 군부 독재가 타도되고 민주화가 실현되었지만, 한국인들은 오히려 더 불행해졌다. 1990년대 이후 20여 년간 자살자가 4배나 폭증한 사실은 이를 잘 보여 준다. 한국인들은 과거보다 훨씬더 심각한 정신적 고통에 시달리게 되었지만, 정작 우리를괴롭히는 범인이 누구인지 특정하지 못하는 상황에 놓였다. 1990년대 이후로는 예전 군부 독재가 전면에 나서서주도하는 노골적인 폭력적 지배나 착취가 아니라 시스템이 주도하는, 불안을 매개로 하는 간접적이고 은밀한 방식의 지배나 착취가 일반화되었기 때문이다. 분노를 표출해야 할 범인이 안개에 가려 보이지 않게 되자 한국인들의 분노는 방향을 잃고 아래쪽으로 향하게 되었다. 그것이 혐오현상으로 나타나기 시작한 것이다.

둘째, 분노가 위로 향할 수 없게 되었다.[3] 나는 1990년대이후에 발생한 한국 사회에서의 변화 중 최악의 변화가 관계의 파탄과 공동체의 붕괴라고 생각한다. 직장 상사가 부하 직원들을 심하게 학대한다고 가정해 보자. 만일 직원들사이의 관계가 좋다면 그들은 힘을 합쳐 직장 상사에게 저항할 것이다. 즉 직원들의 분노는 하나로 합쳐져 위쪽을 향해 표출될 것이다. 만일 직원들 사이의 관계가 좋지 않다면 학대를 당한 직원들은 분노를 자기보다 약한 동료, 하청 기업 사람들, 아내나 자식 등에게 표출할 것이다. 즉 직원들의 분노는 위쪽으로 향하지 못하고 옆이나 아래쪽을 향해 사방팔방으로 분산될 것이다. 1990년대부터 한국 사회에서 각종 갑질이나 혐오 현상이 급증하기 시작한 것은 관계의 파탄과 공동체의 붕괴와 밀접한 관련이 있다.

1980년대까지만 해도 지배층이나 부자들이 힘없는 자, 가난한 자를 혐오하는 현상이 있기는 했지만, 힘도 없고 백도 없는 보통 사람들이 자기보다 못한 이웃이나 사회적 약자를 혐오하는 현상은 거의 존재하지 않았다. 그들의 분노는 하나로 합쳐져 위쪽으로 향할 수 있었기 때문이다. 그러나 위에서 언급했듯이, 1990년대부터는 일반인들의 분노가 위쪽으로 향하지 못하게 되면서 옆이나 아래쪽으로 분산되기 시작했다. 분노가 건강하게 해결되지 못하면서 한국인들의 정신 건강도 나날이 황폐화되기 시작했는데, 이것이 분노의 분산과 서로 상승 작용을 일으킴으로써 혐오 현상이 급증하기 시작했다. 오늘날 한국 사회에서의 혐오 현상을 열거하자면 끝이 없을 것이므로 여기에서는 대표적인 것만 몇 가지 언급하기로 한다.

이주민 혐오

여기에서 말하는 이주민에는 한국의 농촌 남성과 결혼한 여성들, 외국인 노동자들, 난민 등이 포함된다. 따라서 이주민 혐오란 다문화 가정의 여성들과 그 자녀들에 대한 혐오, 외국인 노동자 혐오, 난민 혐오 등을 포괄하는 개념이라고 할 수 있다. 이주민 혐오의 배경으로는 크게 두 가지를 꼽을 수 있다.

첫째, 생존 불안이다. 앞에서도 지적했듯이 대부분의 한국인들은 끊임없는 생존 불안에 시달리고 있다. 실직과 해고 걱정, 사업과 장사 걱정, 자식 뒷바라지 걱정, 병 걱정, 노후 걱정 등에서 자유로운 한국인은 거의 없다. 한국 경제가 장기 침체에 들어섬에 따라 생존 불안은 더욱 심해지고 있다. 불안과 고독은 비례 관계에 있는데, 한국인들이 개인 단위로 파편화됨으로써 고독자가 된 것 역시 불안 수준을 큰 폭으로 끌어올렸다. 생존 불안이 심해질수록 이주민을, 사실 여부와는 상관없이, 자신의 일자리 나아가 생존을 위협하는 대상으로 간주하게 될 개연성이 커질 수밖에 없다. 여기에 더해 외국인 노동자나 난민 등에 대한 각종 괴담이 말해 주듯, 이주민은 범죄와 관련된 불안을 부추기는 대상으로 간주될 수도 있다.

둘째, 우월주의다. 병든 사회가 필연적으로 초래하는 가정의 붕괴로 인해 대부분의 한국인들이 애정 결핍자가 되어 인생을 출발하고 있다. 이것은 앞에서도 언급했듯이 우월주의에 경도되도록 만드는 심리적 배경으로 작용한다. 애정 결핍자는 사랑을 받으려면 혹은 버림받지 않으려면 자신이 우월하다는 것을 반드시 증명해야만 한다고 의식적·무의식적으로 믿기 때문이다. 병든 사회에서 갑질을 비롯한 학대를 피해 가기란 정말 어렵다. 특히 한국처럼 돈을 기준으로 사람의 위계를 정하고 그 자잘한 위계에 따라 사람을 차별하고 무시하는 학대 위계 사회에서 학대당하지 않으면서 안전하게 사회생활을 하기란 거의 불가능하다. 학대당한다는 것은 학대자에 비해 자신이 열등하고 무력하다는 것을 의미한다. 따라서 학대당한 사람이 우월주의를 추구할 가능성은 그렇지 않은 사람보다 훨씬 더 높다. 일부 한국인들이 이주민을 깔보고 혐오하는 이유 중의 하나는 그렇게 함으로써 자신이 우월하다는 사실을 확인하기 위해서이다. 즉 자신이 우월하다는 것을 확인함으로써 안도감, 우월적 쾌감 따위를 경험할 수 있어서이다.

노인 혐오

한국 사회에서의 혐오 현상 중에서 특기할 만한 점은 노인 혐오가 상당히 심각하다는 것이다. 요즈음의 일부 젊은이들은 노인들을 꼰대라고 부르는 것을 넘어서서 틀딱(〈틀니딱딱〉의 줄임말) 등으로 지칭하면서 노인에 대한 혐오 감정을 거칠게 표현하고 있다.

젊은이들이 노인을 혐오하는 것은 우선 청년 세대의 불행한 처지와 관련이 있다. 젊은이들은 한국 사회를 〈헬조선〉이라고 부르고 있는데, 이 말은 한국에서 살아가는 청년들의 삶이 마치 지옥에서 살아가는 것처럼 힘겹다는 현실을 반영하고 있다. 그런데 한국을 헬조선으로 만든 것은 젊은이들이 아니라 기성세대다. 따라서 젊은이들은 한국을 헬조선으로 만들어 버린 기성세대에게 분노한다.

〈헬조선〉이란 말에는 〈왜 이런 세상을 만들어 우리의 미래를 지옥 같게 만들었는가?〉 하고 젊은 세대가 기성세대에게 항의하는 증오 감정이 담겨 있다. (……) 오늘의 한국 사회처럼 〈꼰대 세대〉에 대한 거부감과 노인 혐오감이 심각한 수준에 이른 것은 결코 가벼이 여길 상황이 아니라고 본다.[4]

그렇다면 젊은이들의 분노가 노인에 대해서만 유독 혐오로 표현되는 까닭은 무엇일까?

그것은 첫째로 노인들이 보수 정당의 강력한 지지 기반이라는 것과 관련이 있다. 절대 다수의 젊은이들은 현재의 헬조선을 더 나은 세상으로 바꾸고 싶어 한다. 그런데 60대 이상의 노인들이 투표를 통해 계속 발목을 잡고 있다. 한국을 헬조선으로 만든 것을 반성하기는커녕 젊은이들의 열망에 번번이 찬물을 끼얹고 있는 노인 세대에 대해 젊은이들이 강한 반감을 품는 것은 당연한 귀결일지도 모른다.

다음으로 젊은이들의 입장에서 볼 때 노인들은 과거에는 어땠을지 몰라도 현재에는 보살핌을 받아야만 하는 약자로 전락해 버린 사람들이다. 혐오가 약자에 대한 전형적인 감정이라는 사실을 고려하면 기성세대에 대한 젊은이들의 분노가 노인에 대해서는 노인 혐오로 표현되고 있는 것을 쉽게 이해할 수 있을 것이다.

물론 혐오의 대상이 되고 있는 노인들은 무척이나 억울할 것이다. 노인들은 자기 세대가 먹을 것 안 먹고 입을 것 안 입어 가며 죽어라고 일해서 가난했던 한국을 부유한 나라로 만들었다고 믿고 있다. 그 덕에 젊은 세대는 배고픔을 모른 채 풍요로운 환경에서 구김살 없이 자라났다고 믿고 있다. 그런데도 젊은이들 나아가 한국 사회는 노인을 제대로 대접하지도 공경하지도 않는다. 심지어 젊은이들은 노인들이 피땀 흘려 만들어 놓은 한국 사회를 헬조선이라고 부르고 있다. 노인 세대는 한국이 헬조선임을 인정할 수 없다. 그것을 인정하는 것은 곧 자신들이 잘못 살아왔다는 것을 인정하는 것이고, 자기를 전면 부정하는 일이기 때문이다. 물론 노인들의 억울함은 십분 이해할 수 있지만, 노인들이 젊은이들의 고통에 계속 등을 돌린 채 계속해서 자기 세대의 정신적 안녕만을 방어하는 한 노인 혐오는 사라지지 않을 것이다.

그것은 또한 부모에 대한 분노의 사회적 표현과도 관련이 있다. 한국 부모들은 자녀의 인생에 간섭하거나 자식을 통제하기로 악명이 높다. 상당수의 한국 부모들은 자녀에게 조기 사교육을 강요하고, 공부를 잘해야만 자식을 사랑해 주는 조건부 사랑을 하며, 자녀에게 공부 열심히 해서 돈 많이 버는 공허한 인생을 살도록 강요한다.[5] 이것은 자녀의 자유와 행복을 짓밟는 인권 유린 행위일 뿐만 아니라 명백한 학대 행위다.

자녀의 인권을 짓밟으며 학대하는 부모 밑에서 자라난 아이들은 당연히 부모에게 화가 나 있다. 그러나 부모에 비해 힘이 약한 존재이므로 한동안은 부모에 대한 분노를 직접적·노골적으로 표출하지 못한다. 부모에 대한 자녀의 누적된 분노가 날것으로 터져 나오는 시기는 자녀가 힘이 세지고, 반면 부모는 노인이 되어 육체적·정신적으로 약해졌을 때이다. 젊은이들에게 어른들은 부모의 상징물이자 대체물이며, 노인은 곧 미래의 부모를 상징한다. 따라서 아직 가정에서는 부모에게 꼼짝 못 하고 사는 아이들이 부모에게 쏟지 못하는 분노를 사회 속의 다른 어른들에게 퍼붓는다. 그것이 노인에 대해서는 노인 혐오로 나타난다고 할 수 있다. 결론적으로 한국의 젊은이들이 기성세대를 싫어하고 분노를 표출하는 것의 깊은 뿌리는 가정에서의 왜곡된 부모-자녀 관계라고 말할 수 있다.

여성 혐오

서구의 이론가들은 여성 혐오를 동물성 혐오에 근거해 설명하는 경향이 있다. 앞에서 살펴보았듯이, 서구의 혐오 이론가들은 혐오의 대상이 동물성 혹은 인간의 동물성이라고 주장한다. 그런데 서양에서는 전통적으로 여성을 동물성의 대변자 혹은 상징으로 간주했기 때문에 동물성 혐오는 자연스럽게 여성 혐오로 이어진다.

서양의 종교와 신학의 단골 메뉴 중 하나는 여성 혐오다. 헬레니즘과 기독교 전통은 여성을 남성보다 열등하고 불완전한 존재로 묘사하였다. 그것으로도 부족해서 인간의 온갖 불행과 고통의 원인을 여성에게서 찾았다.[6]

여성이 동물성을 대변한다는 서구의 전통적인 신념은 서구 사회의 여성 혐오에 크든 작든 영향을 미쳤을 것이다. 그러나 인간에 대한 이원론적 견해에 근거해 혐오의 주된 대상이 동물성이라고 주장하는 서구 이론은 잘못됐으며, 그것만으로 여성 혐오를 설명할 수는 없다. 특히 한국에서의 여성 혐오는 더더욱 설명할 수가 없다. 한국에서의 여성 혐오의 원인에 대해서는 많은 것들을 열거할 수 있지만, 여기에서는 대표적인 것들만 살펴보기로 한다.

혐오는 약자에 대한 강자의 감정이다. 이 사실에만 비추어 보면, 한국에서의 여성 혐오를 강자인 남성이 약자인 여성을 혐오하는 현상으로 단순화시켜 오해할 수 있다. 그러나 한국에서의 여성 혐오는 그렇게 단순하지 않다. 그것은 무엇보다 우월주의 혹은 우월감 자체가 대단히 역설적인 심리라는 사정과 관련이 있다. 일반인들은 우월주의가 남들보다 우월하거나 우월한 위치에 있는 사람에게서 필연적으로 나타나는 심리라고 믿는 경향이 있다. 한마디로 권력을 잡으면 누구나 다 똑같아진다고 보는 것이다. 그러나 앞에서도 언급했듯이, 우월주의는 남들보다 심리적으로 열등하거나 자존감이 낮은 사람의 전유물이지 그 반대가 아니다. 다시 말해 누군가가 실제로 남보다 우월하거나 우월한 위치에 있다 하더라도 열등감이 없다면 그는 우월주의 심리를 갖지 않는다. 남성들이 여성들보다 우월한 위치에 있는 사회라고 해서 무조건 여성 혐오가 전면화되는 것은 아니다.

실제로 과거의 한국 사회는 지금보다 더 가부장적이었다. 과거의 한국 남성들이 오늘날의 한국 남성들보다 여성에 대해 더 우월한 위치에 있었다고 말할 수 있을 것이다. 그런데 왜 여성 혐오는 가부장적인 질서가 견고했던 과거가 아니라 그것이 약화되고 있는 21세기에 와서 더 심각해졌을까? 그것은 21세기에 오면서 한국 남성들이 빠른 속도로 열등감에 젖어 들었기 때문이다.

사실 가부장제 사회에서도 여성에 대해 열등감을 느낄수밖에 없는 남성들은 늘 존재해 왔다. 이와 관련해 김종갑은 남성 우월적인 가부장제 사회에는 〈세 개의 성이 있었다〉면서 〈맨 위에 남자다운 남자가 있다면 중간에는 여자,

그리고 맨 아래에는 무능한 남자들, 남자답지 못한 남자들이 있었다〉[7]고 말했다. 그것이 어떤 가부장제 사회이든 간에, 성을 기준으로 보면 맨 위에는 여성보다 우월한 위치에 있는 남성이 있고, 그 아래에 여성이 있으며, 맨 아래에는 여성보다 못한 남성이 있다는 것이다.

오늘날의 한국은 경제력을 남자다운 남자의 으뜸 조건으로 여기고 있다. 이 층위를 돈을 기준으로 표현하면, 한국 사회의 맨 위에는 돈 잘 버는 남자, 그 아래에는 여자, 맨 아래에는 돈을 못 버는 남자가 위치한다고 말할 수 있다. 그런데 문제는 여자보다 아래에 있는 남자, 곧 〈남자답지 못한 남자〉인 돈을 못 버는 남자가 빠른 속도로 증가해 왔다는 데 있다.

돈 없는 남자들도 여자와 연애를 하고 싶고 결혼도 하고 싶을 것이다. 그런데 여자들은 돈이 없다는 이유로 자기를 쳐다보지도 않고 곁을 주지도 않는다.

여기에 남자들이 처한 딜레마가 있다. 그들은 다가서고 싶지만 여자들이 곁을 주지 않는다. 자격 미달이라는 것이다. 이때 여성 혐오는 이솝 우화 속 여우의 신 포도처럼 남성의 자기 합리화와 자기방어의 기제다.[8]

한국 사회에서의 여성 혐오는 처음에 김치녀, 된장녀 담론 등에서 출발했다. 즉 돈을 기준으로 남자를 차별하는 여자들, 돈을 밝히는 여자들에 대한 일부 남성들의 분노에서부터 여성 혐오가 출발했다는 것이다. 이것은 돈이 없다는 이유로 자기를 남자로 보지 않는 여성에 대한 분노가 여성 혐오의 밑바탕에 깔려 있음을 의미한다.

21세기 들어와 한국에서는 여성에 대해 열등감을 느끼는 남성이 빠르게 증가하고 있다. 하지만 한국은 의연히 여성 차별이 남아 있고 가부장적 문화가 지배하는 남성우월주의 사회다. 또한 육체적인 힘을 기준으로 볼 때 여성은 남성에 비해 약자이다. 여성이 육체적 힘을 이용해 남성한테 위력을 행사하기란 어렵지만 그 반대의 일은 빈번하다. 남자들은 육체적 힘을 기준으로 여성을 대할 수 있는데(수틀리면 때리겠다), 이 경우에 여성은 영원한 약자일 수밖에 없다. 만약 여성에 대해 열등감을 느끼는 남성들이 여성보다 실제로 열등하거나 육체적 힘이 약했다면 이들은 여성을 혐오하기보다는 증오했을 것이다. 그러나 한국은 여전히 남성중심적인 사회이고 남성은 태생적으로 여성보다 힘이 강하기 때문에 남성은 우월에 대한 욕망 혹은 자기가 우월하다는 환상을 버리지 못한다. 열등감이 심한 남성들이 여성 혐오자가 되어 우월적 쾌감을 좇는 것은 이 때문이다. 결론적으로 한국에서의 여성 혐오는 생물학적·사회적으로 약자인 여성에 대해 열등감을 느끼는 빈곤한 남성들이 증가하면서 초래된 병적인 사회 현상이라고 말할 수 있다.

이외에도 한국에서는 북한에 대한 혐오를 비롯해 성소수자에 대한 혐오 등 여러 가지 혐오 현상이 있다. 또한 인간 혐오의 병적이고 극단적인 표현이라고 할 수 있는 〈증오형 범죄〉, 〈묻지 마 살인〉 등도 증가하고 있다. 한국 사회에서의 혐오 현상을 예방하거나 근절하는 방법은 앞에서 언급한 일반론과 크게 다르지 않다. 여기서는 별도의 언급 없이 가장 주요하고 심각한 혐오라고 할 수 있는 북한에 대한 혐오를 다루면서 필요한 부분만 언급하기로 한다.

북한에 대한 함의

한국은 무려 70여 년 넘게 분단 상태가 지속되고 있는 세계 유일의 분단국가이다. 한반도의 분단은 우리 민족이 원한 결과물이 아니라 냉전 체제의 산물이다. 그러나 이미 세계적으로는 냉전이 해체되었음에도 불구하고 한반도에서 분단 체제는 해체되지 않았고 남과 북은 여전히 통일되지 않고 있다. 정확히 말하자면, 남과 북 사이에는 아직까지 평화조차 확고히 정착되지 않았다고 말해야 옳을 것이다.

장기간 지속되고 있는 분단 체제는 남과 북 사이의 화해와 통일은 물론이고 한국 사회 내에서의 화해와 통일도 가로막고 있다. 지난 시기에 한국의 지배층은 분단 상황과 남북 사이의 적대 관계를 기득권 유지를 위해 악용해 왔다. 북한과의 긴장을 의도적으로 고조시키거나 북한의 위협을 확대·과장해 국민들을 공포에 떨게 만들었던 것, 정치적

5장 북한에 대한 혐오

반대자나 국민적 저항을 색깔 공격으로 무력화시켰던 것, 냉전적인 반공 교육과 선전을 통해 한국 사회에 이분법적 사고방식이나 흑백 논리를 확산시켰던 것 등을 예로 들 수 있다.

분단 체제 속에서 살아온 한국인들은 북한에 대한 뿌리 깊은 증오감이나 혐오감을 갖게 되었다. 물론 2018년 4월 27일을 기점으로 남북 사이에 정상회담이 연달아 개최되고 북미 사이에도 대화가 진행되면서 한국인들의 북한에 대한 태도나 감정은 빠르게 변화하고 있다. 그러나 북한에 대한 증오나 혐오는 여전히 강력한 힘을 발휘하면서 남과 북 사이의 평화 그리고 한국인들 사이의 평화를 위협하고 있다.

1

증오에서 혐오로

1980년대까지만 해도 북한에 대한 한국인들의 지배적인 감정은 증오나 분노였다고 할 수 있다. 1980년대까지 한국인들은 북한이 한국을 침략해 한반도를 장악할 수도 있다는, 소위 적화(공산화) 콤플렉스에 시달렸다. 1980년대 이전까지 북한은 군사력만이 아니라 경제 발전에서도 한국보다 앞서 있었다. 이와 관련해 박노자는 다음과 같이 말했다.

지금은 도저히 믿어지지 않지만 1950~1970년대만 해도 한국의 당국자들에게 북한이란 두려운 존재인 동시에 일종의 모방 대상이기도 했다. (……) 군수 기업 등 중공업까지 포함한 공업화를 남한보다 먼저 실행한 북한의 군사력도 두려웠지만, 무엇보다 이미 〈제3세계형 복지 국가〉로서의 모습을 갖춘 북한의 매력적 면모가 남한에 알려질까 봐 두려웠던 것이다. 이미 1950년대 말에 북한은 무상 의료와 교육, 그리고 주거 배분제 등을 자랑할 수 있었는데, 당시 한국은 돈이 없으면 병원 근처에도 가지 못하고, 아이를 대학은커녕 고등학교에도 보낼 엄두를 내지 못하는 일이 다반사였다.[1]

1970년까지만 해도 실수로 북쪽으로 넘어갔다가 남한으로 송환된 어부들이 사석에서 북한의 경제 발전 상황을 언급했다가 반공법이나 국가보안법으로 구속되는 사건들이 있었다. 이런 사례들 역시 당시에 북한이 경제력에서 한국보다 앞서 있었음을 보여 준다.

1980년대 이전까지 한국은 북한에게 잡아먹힐지도 모른다는 공포에 시달렸다. 즉 북한은 한국의 안전과 생존을 위협하는 첫째가는 대상이었던 것이다. 이 때문에 1980년대 한국에서는 〈이웃집 아저씨도 다시 한번 살펴보자!〉는 등의 표어가 쓰여 있는 대형 간판을 쉽게 발견할 수 있었다. 당시만 해도 북한은 한국의 안전을 위협하는 주된 대상인 동시에 약하다고 평가절하하기 힘든 대상이었고, 이 때문에 북한에 대한 한국인들의 지배적인 감정은 분노나 증오였다. 그러나 한국인들의 북한에 대한 감정은 남과 북 사이의 힘 관계가 역전되었다고 할 수 있는 1990년대부터 증오에서 혐오로 바뀌기 시작했다.

남과 북 사이의 힘 관계가 극적으로 뒤바뀐 것에는 사회주의 진영의 붕괴의 영향이 컸다. 한국인들이 북한의 배후 세력으로 간주하던 소련과 사회주의 진영은 1991년을 기점으로 최종 붕괴했고 중국은 자본주의화되었다. 더욱이 구소련과 중국은 한국과 수교를 했지만 미국은 북한과 수교하지 않음으로써 북한은 국제 사회에서 정치·외교적으로 철저히 고립되었다. 세계 유일 초강대국인 미국을 등에 업고 있는 한국으로서는 지원 세력을 다 잃어버린 북한이 한국보다 더 힘이 세다고 믿을 하등의 이유가 없었다.

이런 흐름 속에서 이뤄진 2000년의 6·15 공동선언과 이후 남북 사이의 교류와 협력은 북한이 한국을 무력으로 적화하려고 한다는 한국인들의 의구심과 공포를 크게 누그러뜨렸다. 그 결과 1990년대 이후부터는 북한이 한국에게 더 이상 위협적인 존재가 아니며, 설사 북한이 한국을 위협한다 해도 힘으로 능히 격퇴할 수 있다는 인식이 확산되었다. 그것은 다시 한국이 강자이고 북한은 약자라는 신념으로 이어졌다. 북한에 대한 한국인들의 감정이 1990년대 이후부터 〈약자의 강자에 대한 감정〉인 증오나 분노에서 〈강자의 약자에 대한 감정〉인 혐오로 바뀐 것은 이 때문이다.

돈 중심의 사고와 혐오

과거에 비해 크게 약해진 것은 분명하지만, 한국인들 사이에서 북한이 한국의 안전을 위협할 수도 있다는 우려가 완전히 사라졌다고는 할 수 없다. 하지만 그런 우려의 성격은 과거와 크게 달라졌다. 과거에는 북한이 한국을 무력 침공함으로써 생존을 위협할지 모른다는 우려가 지배적이었지만, 최근에는 북한이 붕괴하거나 남과 북이 통일함으로써 생존이 위협받을지도 모른다는 우려가 지배적이다. 즉 요즈음의 한국인들은 적화 콤플렉스보다는 한반도가 통일되면 가난한 북쪽 사람들 때문에 내 밥그릇이 줄어들지 않을까 봐 걱정한다는 것이다.

한국인들이 북한을 밥그릇 중심으로 바라보게 된 것은 한편으로는 북한이 찢어지게 가난한 나라라는 고정 관념(이러한 관념은 과거에도 있었지만 1990년대 북한이 고난의 행군을 치르는 것을 보면서 확고하게 굳어졌다고 할 수 있다)이 일반화되었기 때문이고, 다른 한편으로는 한국인들의 생존 불안이 과거에 비해 훨씬 더 심각해졌기 때문이다. 심각한 생존 불안에 시달리는 한국인에게 찢어지게 가난한 나라인 북한은 마치 외국인 노동자처럼 자신의 밥그릇을 위협하는 대상으로 간주되기 시작했다.

한국인들이 북한을 약자로 깔보게 된 데에는 사회주의 붕괴와 같은 객관적인 상황 변화만이 아니라 1990년대 이후 한국인들 사이에서 일반화된 돈 중심의 사고가 커다란 영향을 미쳤다. 한국 사회에서 돈은 절대적인 중요성을 갖는다. 사회 안전망이 부실하고 국가가 국민들의 생존을 책임지지 않는 한국 사회에서는 돈이 없으면 생존이 불가능하다. 한국 사회에서 돈은 곧 생존을 의미하고 돈이 없다는 것은 곧 죽음을 의미한다.

또한 돈으로 사람 사이의 위계를 매기고 자기보다 가난한 사람을 깔보고 학대하는 한국 사회에서는 돈이 없으면 사람대접을 받지 못한다. 사람에게 가장 고통스러운 것은 사람대접을 받지 못하는 것, 타인으로부터 존중받지 못하는 것이다. 그런데 한국 사회에서는 돈이 없으면 남들한테 존중받지 못하는 것은 물론이고 무시당하기 십상이다. 한국 사회에서 돈은 곧 사회적 존중을 의미하고 돈이 없다는 것은 인간 이하의 대접을 받으며 살아야 한다는 것(사회적 생명의 죽음)을 의미한다. 이런 두 가지 이유 때문에 한국인들은 무서울 정도로 돈에 집착하게 되었고 미친 듯이 돈을 욕망하게 되었다.

어떤 대상에 대한 집착과 욕망이 과도하면 모든 것을 그 대상을 중심으로 사고하기 마련이다. 굶주림으로 신음하고 있는 사람이 온통 먹을 것만 생각하고, 사랑에 빠진 연인들이 하루 종일 이성만 생각하는 것처럼 돈에 대한 집착과 욕망이 과도해지면 모든 것을 돈 중심으로 사고하게 된다. 한국인들은 진로나 직업을 선택할 때 그것이 일단 돈이 되는가 되지 않는가부터 따져 보고 나서 나머지 변수를 고려한다. 배우자를 선택할 때에도 상대방에게 경제력이 있는지부터 따져 보고 나서 나머지 조건을 고려한다. 심지어 한국인들은 통일조차 돈을 중심으로 사고하는 경향이 있다. 즉 돈이 되면 통일에 찬성하지만 돈이 안 되면 통일에 반대하는 것이다.

한국인들의 돈 중심의 사고는 개인들 사이만이 아니라 국가 사이의 우열과 힘 관계를 판단하는 기준으로도 작용하고 있다. 절대다수의 한국인들은 한국이 북한보다 우월한 국가이고 북한은 한국보다 열등한 국가라고 판단하고 있는데, 그 가장 큰 이유는 한국이 북한보다 경제적으로 부유해서다.

북한이 우리의 생존을 위협하는 찢어지게 가난한 국가라는 고정 관념 위에 한국보다 약한 국가라는 믿음이 더해짐으로써 자연히 한국인들은 북한을 혐오하게 되었다. 북한은 두려워해야 마땅한 힘센 나라는 아니지만, 마치 곳간의 쌀을 훔쳐 먹는 쥐새끼처럼 한국을 성가시게 만들 수도 있는, 우리 생존을 위협하는 혐오의 대상으로 여겨진 것이다.

미국 중심으로 세상을 바라보는 문제

해방 이후 미국의 영향력이 한국을 뒤덮으면서 한국 사회는 미국을 중심으로 하는, 서구 선진국을 숭배하는 사대주의의 늪에 빠져들었다. 1990년대를 기점으로 선진국 사대주의가 돈 중심의 사고와 혼합되자, 한국인들은 부자 나라인 미국과 유럽은 숭배하는 반면 가난한 나라들에 대해서는 차별적 태도를 노골적으로 드러내기 시작했다. 한국 사회는 농촌 남성이 동남아 여성과 결혼해 이룬 가정을 〈다문화 가정〉이라고 부르면서 깔본다. 하지만 한국 여성이 미국인이나 유럽인과 결혼해 이룬 가정은 〈인터내셔널 패밀리〉 혹은 〈국제화 가정〉이라고 높여 부른다. 이것은 한국인들이 사대주의와 돈 중심으로 각국의 위계를 평가하고, 그에 따라 차별적으로 대한다는 것을 보여 주는 한 사례이다.

비록 미국에 대한 사대주의는 과거에 비해 약해졌지만 여전히 다수의 한국인들은 미국을 중심으로 세상을 바라보는 경향이 있다. 이것은 과거 조선의 지배층이 중국을 섬기면서 중국 중심주의에 사로잡혀 세상을 바라본 것과 판박이라고 할 수 있다. 박노자는 미국을 중심으로 세상을 바라보는 한국인들을 비판하면서 오히려 타자인 북한의 눈으로 한국을 바라볼 필요가 있다고 주장한다.

대부분의 한국인은 홍대용이 비판했던 18세기의 고루한 선비들과 다르지 않게, 세계에 고정된 중심이 있다고 의식적·무의식적으로 믿고 있다. 물론 중국이 아닌 미국이 바로 그 중심이고, 미국의 문물 제도를 대체로 복제해 놓은 한국은 그 중심에 꽤나 가까운 것으로 의식하기도 한다. 동시에 수많은 한국인들에게 북한은 〈비록 같은 민족이지만〉 이 중심으로부터 한참 벗어난, 18세기로 치면 〈이적〉에 가까운 것으로 보인다. 한데 이와 같은 중심과 주변의 구상은 어디까지나 주관적인 생각일 뿐 그 어떤 객관적인 실체도 아니라는 걸, 타자의 시각을 의식하

면서 깨닫는 것이 중요하다.[2]

과거에 조선의 지배층은 중국과는 이질적인 나라 혹은 중국에게 덤비는 나라를 오랑캐라고 손가락질하면서 혐오했다. 마찬가지로 미국을 중심으로 세상을 바라보게 되면, 북한이 한국에게 실제로 위협이 되는지 여부와는 관계없이, 단지 미국과는 이질적인 나라이거나 미국한테 덤비는 나라라고 해서 북한을 혐오할 수 있다. 물론 이런 입장이 한국의 국익, 나아가 민족의 이익에는 도움이 되지 않는다는 것은 명백하다.

한국이 미국을 중심으로 세상을 바라보면, 북한은 미국과 체제적으로나 문화적으로나 가장 이질적인 극단에 위치해 있는 나라이고, 초강대국 미국과는 비교도 되지 않는 약소국이며, 부유한 미국과 극단적으로 대비되는 가난한 나라이다. 게다가 북한은 미국의 말을 듣기는커녕 미국한테 덤비는 전형적인 오랑캐 국가이다. 미국 중심의 시각은 필연적으로 북한에 대한 혐오를 유발할 수밖에 없다.

북한에 대한 혐오와 탈북자 혐오

북한에 대한 혐오는 자연스럽게 한국 내의 탈북자에 대한 혐오로 연결되고 있다. 2016년에 통일부는 탈북자들의 정서적 고립을 해소하고 일반 주민들과의 소통을 돕기 위해 서울 마곡 지구에 〈남북통합문화센터〉 건립을 추진했다. 그러자 그 지역의 입주자 대표 연합회는 남북통합문화센터 건립에 결사 반대하면서 호소문을 배포하고 플래카드를 거는 등 반대 활동을 시작했다.[3] 이 사건은 한국인들이 탈북자 정착 시설을 혐오 시설로 인식하고 있음을 보여 주는 사례로 평가되고 있다.

한국인들은 탈북자들을 조선족이나 동남아인보다도 못한, 사회의 최말단에 위치한 천민처럼 대하는 경우가 많다. 한국인들은 탈북자들에게 정부로부터 돈을 많이 받아먹었다는 식으로 비난하기도 하고 남과 북 사이에 긴장이 고조되면 괜히 탈북자들에게 욕을 퍼붓기도 한다. 이 때문에 상당수의 탈북자들은 사람들한테 자신을 소개할 때 탈북자가 아니라 조선족이라고 거짓말하기도 한다.

한국인들의 탈북자 혐오에는 다음의 여러 원인이 복합적으로 작용하고 있다. 첫째, 북한을 찢어지게 가난한 나라로 보는 고정 관념이 탈북자에게 그대로 적용되고 있다. 한국인들에게 탈북자는 굶주림에 지쳐 거지 나라를 탈출해 남쪽으로 넘어온 알짜배기 거지로 인식된다.

둘째, 한국인들에게 탈북자는 여전히 한국을 위협하고 있는 적대 국가 출신의 위험 분자이다. 적화 콤플렉스가 과거에 비해 많이 약해지기는 했지만 결코 완전히 사라진 것은 아니다. 북한에 대한 두려움이나 경계심은 탈북자를 경계하거나 위험시하도록 만들 수 있다.

셋째, 북한은 한국에 거의 영향력을 행사할 수 없는 미수교 국가이다. 사실 탈북자들은 엄연한 한국 국민이지만, 한국인들에게 이들은 여전히 외국인이다. 그것도 본국의 지원을 받을 수 없는, 끈 떨어진 외국인이다. 즉 동남아인들은 최악의 경우 자국 대사관에 도움이라도 요청할 수 있고 본국 정부로부터 도움을 받을 수 있지만, 탈북자들은 그러한 뒷배경이 없는 존재로 인식된다.

넷째, 탈북자는 한국인들의 밥그릇을 위협하는 외국인 노동자이다. 탈북자들은 한국에 들어와 정착하는 과정에서 정부로부터 지원금을 받음으로써 세금을 빼앗아 간다. 또한 가뜩이나 부족한 일자리를 차지함으로써 한국인들의 밥그릇도 빼앗는다. 이런 점에서 탈북자는 가난한 나라에서 온 외국인 노동자와 다를 바가 없다. 결론적으로 한국인들의 탈북자 혐오는 그들을 한국 사회의 해로운 존재이자 가장 약한 존재로 인식하는 데 따른 당연한 귀결이라고 할 수 있다.

어떤 경우에도 우월주의는 정당화될 수 없다

한국이 북한에 비해 우월한 것이 객관적인 사실이라도 우월주의는 절대로 정당화될 수 없다. 자신이 남보다 우월하다는 사실을 인식하는 것과 우월주의는 완전히 별개의 문제이기 때문이다.

　요즘에는 비싼 외투를 입고 다니는 중학생들이 그런 외투를 살 수 없는 친구들을 〈거지새끼〉라고 놀리는 장면을 흔하게 관찰할 수 있다. 하지만 1980년대까지만 해도 이런 장면을 관찰하기란 어려웠다. 필자가 중학교에 다니던 시절, 학교에서는 학생용 겨울 외투를 판매하면서 그 외투 이외의 다른 옷은 입지 못하도록 했다. 하지만 그 학생용 겨울 외투는 무척 비싸서 극소수의 학생들만 살 수 있었다. 나머지 학생들은 교복 안에다 내복을 겹겹이 껴입고 다녀야만 했다. 당시에 학생용 외투를 살 수 있었던 일부 학생들은 그것을 살 수 없었던 나머지 학생들을 어떤 마음을 가지고 대했을까? 그것은 미안함이었다. 〈너희들도 겨울 외투를 입을 수 있으면 좋았을 텐데 나 혼자만 입어서 미안하다.〉

겨울 외투를 입고 다니던 학생들이 다른 학생들 앞에서 잘난 체하는 일은 거의 없었고, 가난한 친구들을 무시하는 일도 없었다. 심지어 일부는 친구들을 배려하는 마음에서 교문에서 외투를 벗어 버리기도 했다. 당시에 겨울 외투를 입고 다닐 수 있었던 학생들은 자신들이 다른 학생들보다 우월하다는 사실을 분명히 인식하고 있었다. 그랬기 때문에 친구들을 대할 때 조심하거나 배려할 수 있었던 것이다. 즉 자기보다 가난한 학생들을 깔보거나 무시하면서 우월적 쾌감을 즐기지 않았다. 이런 사례는 우월하다는 사실을 인식하는 것과 우월주의가 완전히 별개의 문제임을 보여 준다. 즉 자신이 어떤 점에서 타인보다 우월하다는 사실을 인식하는 것과 열등한 이들을 아래로 내려다보는 우월적 쾌감을 즐기는 것은 완전히 별개의 문제라는 것이다. 다시 한번 강조하지만, 열등한 처지에 있는 사람을 대하는 우월한 사람의 정상적인 심리는 〈측은지심〉 같은 것이지 우월주의가 아니다.

원칙적으로, 비교를 통한 우열에 대한 인식 자체는 전혀 문제될 것이 없다. 하지만 열등한 존재를 대상으로 우월적 쾌감을 느끼는 것은 그를 정신적으로 학대하는 행위이다. 그것은 이미 정신병리적인 현상인 셈이다. 나는 앞에서 우월주의는 열등감을 가진 사람의 심리이지 건강한 사람의 심리가 아니라고 말한 바 있다. 돈이 좀 있다고 해서 누구나 다 가난한 이웃을 내려다보며 우월적 쾌감을 느끼는 것은 아니다. 돈만이 아니라 열등감까지 갖고 있는 사람만이 그런 병적인 쾌감을 좇는다. 이런 점에서 북한에 대한 한국인들의 우월주의는 바람직하지도 않을 뿐만 아니라 어떤 경우에도 정당화될 수 없다.

정말로 우월한 사람, 열등감이 없는 사람은 자신감이 넘치고 기본적으로 개방적이다. 열등한 존재와의 접촉을 두려워하지 않기 때문이다. 반면에 우월한 척하는 사람은 자신감이 없기에 기본적으로 폐쇄적이다. 그는 겉으로는 아닌 척하지만 열등한 존재와의 접촉을 대단히 두려워한다. 나는 최장집 교수의 다음과 같은 언급처럼 북한에 대한 혐오는 한국 사회의 열등감과 취약성을 일부 반영하는 현상이라고 생각한다.

한편으로는 선진 자본주의 국가의 반열에 오른 한국의 눈부신 경제 발전, 북한과는 비교할 수 없는 경제력의 격차, 이를 배경으로 북한을 언제나 흡수 통일의 대상으로 여기는 엄청난 우월감이 있다. 다른 한편으로는 종북 세력의 확산과 그 위협으로 체제가 무너질지도 모른다는 가상적 위협 앞에서 노심초사하는 정신적 나약함과 이념적 폐쇄성이 있고, 그로 인한 엄청난 열등감으로 고통받는다.[4]

2
북한 혐오의 문제점

우리는 앞에서 생물학적 혐오와는 달리 사회적 혐오는 큰 위험성을 가지고 있다고 확인했다. 북한에 대한 혐오 역시 사회적 혐오, 특히 사람을 대상으로 하는 혐오이므로 심각한 문제점을 가질 수밖에 없다.

북한에 대한 올바른 인식을 가로막는다

대북 혐오감의 가장 큰 문제점은 그것이 북한에 대한 올바른 인식을 가로막는다는 데 있다. 앞에서도 언급했지만, 사람들은 혐오의 대상을 쳐다보려고도 하지 않거나 아예 생각조차 하지 않으려 한다. 이런 점에서 북한에 대한 혐오는 북한에 대한 증오보다 더 나쁘다고 말할 수 있다.

북한을 두려워해서 증오하는 경우 북한의 위협을 과장해서 인식할 위험은 있겠지만, 어떻게 해서든 살아남아야

하므로 북한을 제대로 파악하기 위해 나름 애쓰기는 할 것이다. 호랑이가 무서우면 호랑이의 약점을 파악하기 위해서라도 호랑이를 연구해야 한다. 그러나 북한을 혐오하는 경우 북한을 파악하려는 노력조차 하지 않을 수 있다. 징그러운 바퀴벌레는 그냥 쳐다보지 않으면 그만이지 이리저리 들여다볼 필요가 없다.

북한에 대한 혐오가 심해지면 북한에 대한 관심 자체가 사라진다. 화해와 통일의 상대방임에도 불구하고 북한에 대해서만큼은 영원히 눈뜬장님 신세를 면치 못할 수 있다. 실제로 북한에 대한 한국인들의 무관심과 무지는 북한에 대한 시대착오적이고 낡은 고정 관념과 왜곡된 이미지가 변함없이 지속하는 주된 원인이 되고 있다.

북한에 대한 혐오는 북한에 대한 인식을 왜곡시키는 주범이다. 일단 어떤 사회 집단이 혐오 집단으로 낙인찍히면, 설사 그 집단이 개과천선해서 항상 착한 행동만 하더라도 혐오감은 쉽게 줄어들지 않는다. 일단 누군가에게 미운털이 박히고 나면 그가 하는 행동은 죄다 밉게 보이기 때문이다. 일반적으로 사람들은 감정에 따라 사고하는 경향이 있다. 기분이 좋으면 긍정적으로 사고하고 기분이 나쁘면 부정적으로 사고한다. 그런데 감정이 격렬하면 격렬할수록 감정이 사고를 지배하는 정도도 심해진다. 사람들은 상대방에 대한 분노가 치솟으면 거친 말을 내뱉곤 하는데, 그것은 분노가 상대방에 대한 사고를 지배함으로써 발생하는 현상이다. 혐오는 대단히 강렬한 감정이고, 사고를 지배하고 왜곡할 가능성이 대단히 높다. 일단 누군가를 혐오하면 그의 행동을 항상 나쁜 쪽으로 해석하듯이, 북한을 혐오하면 북한의 행동을 항상 나쁜 쪽으로만 해석할 것이다. 이것은 북한에 대한 인식을 더욱 왜곡할 것이고 북한에 대한 혐오가 한층 심해질 것이다. 한층 강화된 혐오는 다시 북한의 행동을 더 나쁘게 해석하도록 만들고, 그 결과 악순환의 고리가 완성될 수 있다.

남과 북 사이에 평화가 정착되고 남과 북이 화해와 통일로 나아가려면 무엇보다 북한에 대해 정확하게 알아야 한다. 북한을 사랑할 것이냐 미워할 것이냐의 문제는 정확하게 알고 난 후의 일이다. 그러나 한국인들은 북한에 대해 거의 무지한 채로 북한을 대단히 혐오한다. 이웃집 아저씨가 어떤 사람인지도 모르면서 그를 혐오하는 것이 비정상이듯이, 북한에 대해 제대로 모르면서 혐오하는 것 역시 비정상이다. 한국인들은 하루 빨리 이런 비정상적인 심리 상태에서 벗어나 또 하나의 우리인 북한에 대해 응당한 관심을 가져야만 하고, 혐오 감정에서 벗어남으로써 북한을 보다 객관적으로 파악해야 할 것이다.

공존과 상호 존중이 불가능하다

남과 북이 평화와 화해, 나아가 통일의 길로 가려면 상대방과 더불어 살아가겠다는 입장을 가져야 한다. 북한을 타도의 대상이 아닌 공존의 대상으로 바라봐야 한다는 것이다. 그러나 북한을 혐오하는 한 절대로 북한을 공존의 대상으로 바라볼 수 없다. 혐오는 공존과는 상극이기 때문이다. 썩은 음식물이나 전염병과 공존하기를 바라는 사람은 아무도 없을 것이다. 혐오의 대상은 반드시 박멸해야 할 대상이지 공존의 대상일 수 없다.

물론 마음속으로는 북한을 혐오하지만, 입으로는 북한과의 공존을 외칠 수도 있을 것이다. 그러나 이것은 품속에 칼을 품은 채 상대방에게 악수를 청하는 것과 마찬가지이다. 결국 북한의 반발을 초래함으로써 공존을 불가능하게 하고 불신과 적대감만 키울 것이다. 이런 점에서 북한에 대한 혐오는 분노나 증오보다 더 위험하다고 할 수 있다. 만일 힘센 티라노사우루스가 나를 위협하고 있다면, 내가 살기 위해서라도 티라노사우루스와 공존(티라노사우루스한테서 나를 공격하지 않겠다는 약속을 받아 낼 수 있다면)하기를 바랄 것이다. 분노나 증오도 공존을 방해하기는 하지만 공존의 가능성을 완전히 차단하지는 않는다. 반면에 혐오는 공존을 원천적으로 불가능하게 만든다.

북한과의 공존을 거부하는 입장을 가진다면, 당연히 북한을 평화와 통일의 대상으로 여기지도 않고 존중하지도 않을 것이다. 앞에서도 언급했지만, 상대방이 누구이든 간에 인간에 대한 혐오란 그를 인간으로 간주하지도 않고 존중하지도 않는다는 의미이다. 따라서 북한을 혐오하는 것은 곧 북쪽 사람들을 인간으로 취급하지도 않고, 존중하지도 않겠다는 뜻이다. 좀 더 심하게 말하면, 북한을 혐오하는 것은 북쪽 사람들을 언젠가는 반드시 죽여 없애겠다고 맹세하는 것이다. 혐오는 상대방에 대한 존중이 아니라 박멸 의지만을 활활 타오르게 한다. 한국인들이 북한을 혐오하지 않을 때라야 비로소 진심으로 북한과의 공존을 원하고, 한반도의 평화와 민족의 통일을 위해 손잡고 나아가야 할 동반자로 북한을 인정할 수 있을 것이다.

관용을 넘어 평화로

혐오는 평화를 가로막는 주요한 원인 중 하나이다. 혐오는
우리 사회의 평화를 가로막을 뿐 아니라 남과 북 사이의 평
화도 가로막는다. 2018년 이후 남북 관계는 과거에 비해 크
게 개선되었고, 점점 더 많은 한국인들이 한반도의 평화와
통일을 바라고 있다. 북한을 반드시 타도해야 할 대상으로
여겼던 과거나 통일에 무관심하거나 통일을 반대하는 한
국인들이 점점 증가하던 과거에 비해서 정말 커다란 변화
라고 말하지 않을 수 없다. 그러나 여전히 많은 한국인들은
북한을 혐오하고 있다. 나아가 북한을 혐오하면서도, 자기
가 북한을 혐오하고 있다는 사실조차 인식하지 못하는 경
우가 많다. 가난한 이웃을 혐오하면서도 그것을 자각하지
못하는 것처럼, 북한을 혐오하면서도 그것을 자각하지 못
하는 것이다. 이것은 북을 혐오해 왔던 세월이 길어서이기

도 하고, 이미 굳어지고 체질화된 감정은 잘 의식되지 않기 때문이기도 하다.

현시점에서 강조하고 싶은 것은 자기감정을 자각하지 못하는 것이 그것을 자각하는 것보다 더 위험하다는 사실이다. 자기가 열등감이 심하다는 것을 자각하는 사람은 열등감으로 인한 병리적인 행동을 인식할 수 있다. 곧 그것을 제어하는 것이 가능하고, 열등감을 치유할 수 있는 길로 나아갈 수 있다. 반면에 자신이 열등감이 심하다는 것을 자각하지 못하는 사람은 열등감으로 인한 병리적인 행동을 인식할 수 없다. 그것을 제어하지 못할 뿐만 아니라 언제가 되어도 열등감을 치료할 수 없다. 이런 점에서 필자는 한국인들이 북한에 대한 혐오 감정을 치유하려면 무엇보다 자신의 대북 혐오감을 인식하고 인정하는 것에서부터 출발해야 한다고 생각한다.

1

혐오 현상을 치유하기 위해서

우월주의 극복

한국인들이 북한에 대한 혐오 감정을 없애려면 무엇보다 우월주의에서 해방되어야 한다. 앞에서도 강조했지만, 혐오는 세상을 강자와 약자 혹은 우열의 관점으로 바라보는 것과 밀접한 관련이 있다. 우월주의자는 세상을 우월한 것과 열등한 것으로 구분한 뒤 열등한 대상을 혐오함으로써 병리적인 쾌감을 얻으려고 한다.

한국인들을 우월감 중독에 빠뜨리고 있는 주요한 원인들을 제거하면 우월감 중독은 자연히 사라질 것이다. 한국인들을 우월감 중독에 빠뜨리고 있는 주요한 원인은 돈 중심의 사고이다. 돈 중심의 사고로 인해 한국인들은 사람을 돈에 따라 위계화하고, 그 위계에 근거해 서로를 학대하는 사회를 당연시하고 있다. 이런 사회를 당연시하면서 그곳에서 살아남으려고 애쓰는 과정에서 한국인들은 필연적으로 이런저런 학대를 경험하고, 그 결과 우월감 중독에 빠진다. 쉽게 말해 한국인들은 치열한 경쟁에서 승리하여 남들보다 더 위쪽에 서는 것, 남들보다 더 우월해지는 것을 강박적으로 원하게 된다는 것이다. 그래야 학대를 조금이라도 덜 당하고 나아가 남을 학대할 수 있기 때문이다.

돈 중심의 사고는 돈에 대한 과도한 욕망과 집착에서 비롯한다. 따라서 한국인들을 돈에 대한 과도한 욕망과 집착에서 해방시킬 수 있는 사회 개혁이 필요하다. 즉 돈 중심의 사고를 근절하려면 돈이 모든 것을 결정하는 반인간적인 사회를 사람 중심의 사람 사는 세상으로 만들어야 한다. 좀 더 구체적으로 말하면, 국가가 국민들의 생존(인간으로서의 존엄성을 유지할 수 있는 생활수준)을 보장해 주는 동시에 각종 격차를 획기적으로 줄여야 한다.

한국에 비해 상대적으로 사회 안전망이 잘 갖춰져 있고 격차가 작은 북유럽 국가 사람들은 돈 중심의 사고를 거의 하지 않으며, 우월감 중독에서도 자유롭다. 만약 한국 사회가 북유럽 수준의 사회 안전망을 갖추거나 과감하게 기본소득제를 도입하면서 격차를 줄여 나간다면, 한국인들은 더 이상 돈이 생존과 존중을 좌우한다고 믿지 않을 것이다.

돈에 집착하지도, 돈 중심으로 사고하지도 않을 것이다. 돈 중심의 사고가 사라지면 돈을 기준으로 사람을 위계화하여 차별하고 학대하는 현상이 사라지고, 남보다 우월해져야만 한다는 병적인 욕망도 사라질 것이다. 이것이 한국인들이 우월감 중독에서 탈출할 수 있는 유일하고도 확실한 방도이다.

한국인들의 돈 중심 사고는 북한을 가난한 거지 나라, 즉 한국보다 열등한 나라로 바라보게 만드는 주범이다. 따라서 한국인들이 돈 중심의 사고와 우월감 중독에서 빠져나오면 북한을 거지 나라로 낙인찍으면서 혐오하는 현상이 사라지고, 대등한 존재로 바라보면서 존중할 수 있을 것이다.

우월주의는 남과 북 사이의 〈차이〉나 〈다름〉을 〈옳고 그름〉으로 둔갑하는 주범이다. 북쪽 사람들은 70여 년 넘게 한국과는 다른 사회 제도 속에서, 한국과는 다른 경험을 하면서 살아왔다. 북한은 한국과 다를 수밖에 없다는 것 그리고 그렇게 된 데에는 나름의 이유가 있다는 것을 인정해야 한다. 즉 한국인들은 북한을 한국의 입장만이 아니라 북쪽의 입장에서도 이해할 필요가 있다. 그러나 한국인들은 북한에서 우리와 다른 모습을 발견하면 〈남과 북은 이런 점

에서 서로 다르구나〉라고 생각하는 것이 아니라 거의 습관
적으로 〈저것 봐, 역시 북쪽은 틀려먹었어〉라고 단정한다.
한국인들이 이렇게 차이나 다름을 옳고 그름으로 인식하
는 것은 남은 우월하고 북은 열등하므로 남쪽이 무조건 옳
고 북쪽은 무조건 틀리다는 편견에 기초한다. 남쪽과 다른
북쪽의 것을 차이나 다름이 아니라 틀린 것, 잘못된 것으로
간주하기 때문이다. 우월주의를 극복하는 것은 남과 북 사
이의 차이를 있는 그대로 인식하고 받아들이기 위한 전제
조건이다.

북에 대한 올바른 이해 : 오해와 편견 극복

한국 사회가 우월주의를 극복한다 하더라도 북한에 대한
오해와 편견, 기존의 잘못된 고정 관념들을 교정하지 못하
고 그대로 둔다면 북한에 대한 혐오를 없애기는 어려울 것
이다. 과거에 남북 관계가 좋지 않았던 시절에 언론들은 모
란봉 악단의 현송월 단장이 처형되었다고 대대적으로 보
도했고, 그것은 아주 긴 시간 동안 한국 사회에서 기정사실
로 통용되었다. 그러나 현송월 단장이 평창올림픽에 참가
함으로써 그것이 허위 보도였음이 밝혀졌다. 2018년 이후
남북 관계가 개선되고 있는 상황에서도 언론의 허위, 왜곡

보도는 계속되고 있다. 예를 들면 일부 언론들은 제2차 북미정상회담이 별다른 합의 없이 끝나자 북이 회담 실패의 책임을 물어 김영철 등을 숙청했다고 보도했다. 그러나 숙청당했던 사람들이 여전히 활동하고 있는 사진 등이 공개됨으로써 이것 역시 허위 보도였음이 드러났다.

한국인들은 기나긴 세월 동안 북한에 관한 정보를 자신의 눈과 귀로 직접 확인할 수는 없었고, 반면 거짓 정보와 왜곡 정보는 너무나 많이 접해 왔다. 이 때문에 한국인들은 전반적으로 북한에 대해 놀라울 정도로 무지하며 북한에 대한 이해가 심각하게 왜곡되어 있다. 개성공업지구 지원재단의 김진향 이사장은 이것을 〈북맹(北盲)〉이라고 표현하면서 다음과 같이 개탄했다.

〈우리는 북한 체제와 제도, 사회, 경제, 문화, 사회 운영의 작동 원리와 구조 등 그 진짜 모습의 10퍼센트라도 제대로 알고 있을까?〉 만약 누군가가 〈우리는 북한에 대해 총체적 무지에 빠져 있다〉고 이야기하면 우리 국민들은 어떻게 받아들일까?

유감스럽게도 우리 사회의 북한에 대한 〈총체적 무지〉는 〈실재〉고 〈현실〉이다. 남북 관계가 대립적이고 적대

적인 관계로 전환된 이후에는 총체적 무지와 왜곡, 오도
가 일반화되어 진실을 이야기하려면 돌을 맞을 각오를
해야 한다.[1]

일본의 한반도 전문 기자인 시게무라 도시미츠는 오늘
날은 정보가 부족해서가 아니라 정보가 너무 많아서 문제
인 시대임에도 불구하고, 북한에 대한 정보와 관련된 한국
사회의 문제는 가치 판단의 영역이 아니라 어떤 것이 사실
인가 아닌가 하는 〈사실 파악〉의 영역에 있다[2]고 주장했다.
한마디로 한국 사회에는 북한이 좋은가 나쁜가를 따지는
것조차 불가능할 정도로 북한에 대한 정보가 빈곤하며, 그
나마 있는 정보들도 엉터리가 많다는 것이다.

필자는 북한에 관한 한 한국 사회가 정보의 절대적인 빈
곤 상태에 놓여 있다는 도시미츠 기자의 의견에 전적으로
동의한다. 한국 사회가 시급하게 해야 할 일 중의 하나는
북한에 대한 정확한 정보를 양적·질적으로 늘려 나가는 것
이다. 북한에 대한 정보가 풍부해야만 올바른 인식이 가능
하고 그것에 기초해 좋은지 싫은지 가치 판단을 할 수 있다.
정부는 북한에 관한 정보에 국민들의 자유로운 접근권을
허용해야 한다. 단지 북한에 관한 정보뿐 아니라 북한이 생

산하는 일차 정보(예를 들면 북한의 언론과 방송이나 영화, 노래, 소설 등)가 한국 사회에 자유롭게 유통될 수 있도록 노력해야 한다. 동서독이 통일되기 전에 동독 사람들과 서독 사람들은 자유롭게 상대방의 방송을 청취하고 서신을 교환했으며, 상호 방문도 했다. 이것은 과거의 동독과 서독이 적어도 상대방에 대한 정확한 정보를 획득할 수 있었고 그것에 기초해 상대방을 있는 그대로 판단할 수 있었음을 의미한다. 남과 북은 하루빨리 서로의 방송을 자유롭게 시청하고, 자유롭게 연락과 통신을 주고받으며, 자유롭게 접촉하고 왕래할 수 있는 분위기를 조성해야 한다. 또한 상대방의 학술 논문, 문학 작품, 영화, 노래 등을 일상적으로 접할 수 있는 방향으로 나아가야 한다. 북한에 대한 정확한 정보가 풍부해지면 북한에 대한 객관적인 이해가 가능해지고, 그에 따라 가짜 정보에 기초하는 혐오 현상은 자취를 감출 것이다.

2
평화·통일 교육의 필요성

관용 교육

상당수의 혐오 연구자들은 혐오 현상을 예방하거나 근절
하기 위해 교육이 중요하다고 주장한다. 특히 〈관용〉 교육
을 실시함으로써 사회에 관용의 분위기를 확산할 필요가
있다고 강조한다. 일반적으로 관용은 〈내가 찬성하거나 시
인하지 않는 상대방의 행위를 허용하는 것〉[3]으로 정의된
다. 관용은 〈싫어하는 것을 참고 견디는 심리적 노력〉[4]을
요구한다. 내가 싫어하거나 미워하는 대상, 즉 혐오할 만한
대상의 존재나 행위를 참아 내는 것이 관용이다. 탈북자들
에 대해 불편한 감정을 지닌 한국인들이 인내심을 발휘해
그들의 존재와 행위를 허용해 주는 것을 예로 들 수 있다.
만약 자신이 싫어하고 미워하는 대상을 관용하지 않고 계
속 혐오한다면 사회에 평화가 깃들기란 불가능하다. 이 때

문에 일찍이 루소는 〈불관용자들의 사회는 악마들의 사회와 닮았다. 그들은 오직 서로를 고문하는 데에서만 일치한다〉[5]고 말하기도 했다.

그러나 관용만으로는 충분하지 않다거나 관용이 위선적이라고 비판하는 견해들도 있다. 우선 관용은 권력 집단이 약자 집단을 주류 사회에 흡수하고 체제내화하는 도구일 뿐이라는 비판이다.

> 관용은 이타성을 관리, 조절하는 권력 메커니즘이다. 실제로 관용은 숙주(기존 권력, 다수 집단 등)가 오류나 오염, 독성 등을 무사히 흡수할 수 있는 정도, 곧 포용력을 의미한다. (……) 한 사회의 헤게모니 집단이 다른 개인이나 집단을 관용하는 것이지, 그 역은 아니다.[6]

다음으로 서구 나라의 지배층이 실제로는 관용과 정반대되는 짓을 하면서 국민들에게만 관용을 요구한다는 비판이 있다. 한마디로 관용은 지배층이 내세우는 위선적인 구호일 뿐이라는 것이다. 사실 미국의 지배층은 국민들에게는 이슬람이나 무슬림에 대한 관용을 요구하면서 대외적으로는 대아랍 전쟁을, 대내적으로는 테러와의 전쟁을 수행했다.[7] 이러한 관용의 한계점들 때문에 카롤린 엠케는 〈이제는 다름을 인정하고 서로 관용하자는 정도의 인식만으로 오늘날의 이 혐오와 증오의 폭발을 막아 낼 수 없다는 것이 분명해졌다〉[8]고 선언하기도 했다.

관용에 관한 여러 논란은 유네스코가 1994년에 「관용의 원칙에 관한 선언」에서 채택한 관용 개념(관용을 가장 적극적이고 넓은 의미로 규정하고 있다)을 받아들이면 상당 부분 해소될 수 있을 것이다. 유네스코는 관용을 〈우리 세계의 문화와 우리의 표현 행태, 인간 존재의 방식 등에 있어서의 풍부한 다양성에 대한 존중이며 수용이며 이해〉라고 규정하면서 그것이 결코 〈양보나 겸손이나 은혜가 아니며, (……) 다른 이의 보편적 인권과 기본적 자유를 인정하는 적극적 태도〉라고 강조했다.[9] 만일 이 선언처럼 관용의 의미를 싫어하는 상대를 참아 주는 정도로 좁게 이해하는 데 머물지 않고, 상대를 인정하고 그의 권리를 적극적으로 존중하는 것으로 규정할 경우 관용은 혐오를 예방·근절하기 위한 중요한 수단이 될 것이다.

관용을 기준으로 한국 사회를 살펴보면, 한국은 넓은 의미로서의 관용은 고사하고 좁은 의미로서의 관용조차 찾아보기 힘든 사회임을 알 수 있다. 2014년 세계 가치관 조사(www.worldvaluessurvey.org)에 따르면 한국은 조사 대상 62개국 중 62위로서 자녀에게 관용을 가르치겠다고 대답한 부모의 비율이 가장 낮았다.[10] 이러한 한국의 현실을 고려해 볼 때 교육 현장에서 관용 교육을 실시하고, 사회적으로 관용의 가치를 확산시키는 일이 시급하다는 것을 알 수 있다.

평화·통일 교육

남과 북이 서로를 적대시했던 과거에 한국 정부는 통일 교육을 냉전적·반공적인 입장에서 실시했다. 따라서 당시 통일 교육은 남과 북 사이의 평화와 통일을 촉진하기보다는 북한에 대한 적대감이나 혐오감을 고취하는 경향이 있었다. 남과 북이 평화와 통일을 향해 나아가는 오늘날에 맞게 통일 교육을 혁신해야 한다. 이와 관련해 다음과 같은 두 가지를 강조하고 싶다.

첫째, 북한에 대한 정확하고 객관적인 정보에 기초해 통일 교육이 이루어져야 한다. 부정확하거나 허위 정보, 왜곡된 정보에 기초하면 통일 교육은 북한에 대한 혐오를 부추기는 교육이 될 위험성이 크다. 따라서 통일 교육은 최대한 정확하고 객관적인 정보에만 기초해야 한다. 더 나아가 한국인들이 북한에 대한 일차 정보를 거의 접하지 못해 왔다는 점을 고려해 볼 때, 통일 교육은 무엇보다 북한의 일차 정보를 제공하고 확산시키는 역할을 해야 한다. 통속적으로 말하자면, 통일 교육은 과거 「똘이 장군」과 같은 반공 만화를 보여 주면서 북한을 욕하도록 유도하는 교육이 아니라 일단 북한의 노래를 들려주거나 영화를 보여 주는 교육이 되어야 한다.

둘째, 피교육자가 주체적인 판단을 할 수 있는 교육이어야 한다. 기존의 통일 교육에는 이미 정부의 입장, 가치 판단 등이 개입되어 있고, 피교육자는 그 교육 내용을 일방적으로 받아들이는 수동적인 위치에 머물러 있었다. 그러나 피교육자를 일방적으로 가르치려고 하는 교육은 피교육자의 흥미와 관심을 떨어뜨린다. 상당수의 한국인들이 정부가 주관하는 통일 교육을 지루한 것, 뻔한 것으로 여기면서 받기 싫어하는 것은 이 때문이다.

또한 피교육자를 일방적으로 가르치려고 하는 교육은 피교육자의 주체적인 가치관 형성과 올바른 가치 판단을 방해한다. 〈너희 이웃집 사람은 나쁜 사람이다〉라는 교육을 받아서 갖게 된 가치관이나 신념은 자기 것이 아니다. 자기 머리로 비판적으로 사고하고 판단해서 확립한 것이

6장 혐오를 넘어 평화로

아니기 때문이다. 통일 교육은 정부의 입장이나 가치 판단을 최대한 배제하고 피교육자 스스로 판단할 수 있는 교육이어야 한다. 예를 들면 북한의 영화나 소설을 보여 주고 그것의 이해를 돕는 정보를 제공한 다음 피교육자들이 자유로운 토론을 통해 결론을 내리도록 하면 좋을 것이다. 통일 교육이 우월주의적·냉전적 가치 판단을 최대한 배격하고, 정확하고 객관적인 정보에만 기초해 진행된다면 북한에 대한 혐오를 줄이는 데 기여할 수 있을 것이다.

너무나 당연한 말이겠지만, 교육만으로는 혐오를 퇴치할 수 없다. 한국 사회의 지독한 학벌주의나 심각한 소득 격차 등을 그대로 두고 입시 위주의 교육 제도를 개혁하는 것이 거의 불가능하듯이, 혐오의 원인으로 작용하고 있는 여러 요인들을 그대로 두고 교육만으로 혐오를 퇴치하는 것은 불가능하다. 마찬가지로 북한에 대한 혐오를 효과적으로 없애려면 북한을 혐오하게 만드는 여러 요인들을 제거해 나가면서 미래 지향적인 교육을 동시적으로 실시해야 할 것이다.

3

북한 혐오를 유발하는 객관적 조건과 해법

사상의 자유를 인정하는 민주 사회

북한에 대한 혐오와 한국 사회의 혐오 현상은 밀접하게 연결되어 있다. 두 현상의 원인이 유사하고 서로 비례 관계에 있기 때문에, 하나가 줄어들면 다른 하나도 줄어드는 효과를 기대할 수 있을 것이다.

북한에 대한 혐오를 없애려면 무엇보다 한국 사회의 혐오 현상을 적극적으로 퇴치해야 한다. 한국 사회에 혐오 현상이 번지는 이유는 한국인들이 생존 위협(정확히 말하자면 사회적 생명에 대한 위협)에 시달리고 있기 때문이고, 사회적 생명이 위협당하는 데 대한 병적인 반응으로 돈에 집착하고 우월주의를 추구하기 때문이다. 그런데 이것은 동시에 북한에 대한 혐오의 배경이기도 하다. 따라서 한국 사회의 혐오 현상은 그대로 있는데, 북한에 대한 혐오만 사

6장 혐오를 넘어 평화로

라진다거나 북한에 대한 혐오는 그대로인데 한국 사회의 혐오 현상만 사라지는 것은 거의 불가능하다. 이 두 가지는 똑같이 심해지거나 똑같이 약해지는 비례 관계이다. 그렇기 때문에 북한에 대한 혐오를 극복하려는 노력과 한국 사회의 혐오 현상을 극복하려는 노력은 동시 병행적으로 진행될 필요가 있다.

혐오 현상의 뿌리를 들어내기 위해서는 한국 사회를 개혁해야 하는데, 이를 위해서는 정치를 정상화·선진화해야 한다. 정상적인 민주주의 국가에서는 보수 세력과 진보 세력이 실력(국민에게 도움이 되는 정책을 개발하는 능력이 가장 중요하다)에 기초한 공정한 경쟁을 할 수 있다. 그러나 좀 세게 말하자면, 지금까지 한국의 정치 세력들은 실력에 기초한 공정한 경쟁이 아니라 색깔론을 악용하는 불공정한 경쟁을 해왔다. 즉 상대방이 주장하는 정책이 국민에게 과연 도움이 되느냐 아니냐로 경쟁해 온 것이 아니라 어느 쪽이 빨갱이/종북이 아닌가로 경쟁해 왔다는 것이다. 상대방을 실력과 공정한 경쟁이 아닌 색깔 공격으로 무너뜨리는 것은 격투 시합을 할 때 칼을 숨기고 있다가 불리해지면 상대방을 찌르는 것과 같은 명백한 반칙 행위이다. 한국은 이런 반칙 행위를 근절하지 못했기에 21세기에 들어선 지금까지도 정치적 후진성을 면치 못하고 있다. 이런 점에서 한국 사회에서 색깔 공격을 근절하는 것은 정치를 정상화·선진화하고 사회를 개혁하기 위한 선결 조건이라고 할 수 있다.

한국 사회가 색깔 공격을 근절하려면 자유민주주의의 핵심인 사상의 자유를 전면적으로 보장해야 한다. 사상의 자유를 보장한다는 것은 나와는 생각이 다른 사람 혹은 내가 싫어하는 사상을 가진 사람과 공존하겠다는 의미이다. 반대로 사상의 자유를 인정하지 않는다는 것은 나와는 생각이 다른 사람 혹은 내가 싫어하는 사상을 가진 사람과는 공존하지 않겠다는 의미이다.

누군가와 공존하지 않겠다는 것은, 궁극적으로 혹은 기회가 온다면 그를 제거하거나 죽이겠다는 말과 같다. 이것은 사상의 자유를 인정하지 않는 것이 전형적인 극단주의나 혐오주의임을 의미한다. 극단주의나 혐오주의는 자신이 싫어하는 존재와는 절대로 공존하지 않으려는 배타성에서 출발하고, 그것의 정치적 표현이 사상의 자유를 부정하거나 제한하는 식으로 나타날 뿐이다. 따라서 한국 사회가 사상의 자유를 전면적으로 보장하는 민주화를 실현한다면, 사회 발전을 가로막아 온 주범인 색깔 공격을 근절할 수 있을 것이다. 그 결과 정치가 정상화·선진화되고 한국은 혐오 사회에서 공존 사회로 전환할 수 있을 것이다.

분단 체제에서 평화 체제로

남과 북 사이에 불가역적인 평화가 정착되고 남과 북이 화해와 통일의 길로 일관성 있게 나아간다면 북한에 대한 혐오는 빠른 속도로 줄어들 것이다. 남과 북이 화해의 길로 들어서면, 무엇보다 북한이 한국을 위협한다거나 한국인들의 생존을 위협한다는 따위의 공포가 크게 줄어들 것이다. 사실 2000년의 6·15 공동선언 이후 이런 공포는 크게 약화되었는데, 남과 북 사이의 관계가 더 호전되면 아예 사라질 수도 있을 것이다.

남과 북의 화해는 북한을 편견 없이 볼 수 있게 해주며, 동시에 그들의 시선으로 한국을 바라볼 수도 있게 해준다. 한국인들을 우물 안 개구리 상태에서 벗어나게 해줄 수 있다. 최근에는 많이 달라지고 있지만, 여전히 많은 한국인들이 북유럽 국가들의 사회 보장 제도에 대해 배우고, 더욱이 그것이 사회주의 성격의 제도임을 알면 충격을 받는다. 한국은 긴 세월 동안 미국식 모델만을 받아들여 왔고, 그 결과 미국식 자본주의 이외의 다른 사회가 가능할 거라는 생각을 좀처럼 하지 못한다. 우리는 미국식 자본주의가 아닌 새로운 사회로의 전환이 가능하다는 생각을 할 수 있어야 한다. 그래야 더 나은 세상을 꿈꿀 수 있고 미국식 자본주의가 아니면 다 틀렸다는 편협한 시각에서 벗어날 수 있다. 한국인들이 우물 안 개구리의 눈을 버리면, 북한의 사회주의 제도를 무조건 나쁜 것으로 치부하면서 혐오하는 편협성에서 벗어날 수 있을 것이다. 그리하여 남과 북이 서로의 장점을 따라 배우는 새로운 시대가 열릴 수 있을 것이다.

모범 사례의 확산

남과 북이 서로 적대시하지 않고 협력하는 것이 가능하며, 그것이 서로에게 이익이 된다는 것을 실제로 보여 주는 모범 사례를 만들고 확산시켜야 한다. 백문불여일견(百聞不如一見)이라는 말처럼, 남과 북 사이의 평화가 중요하다거나 〈우리의 소원은 통일〉을 백번 외치는 것보다 남과 북이 협력하고 상생하면서 서로 이익을 보는 모범 사례를 하나라도 보여 주는 것이 더 효과적일 수 있기 때문이다. 과거에 남과 북의 협력을 통해 운영되면서 서로에게 이익을 안겨 주었던 개성 공단이 바로 이런 모범 사례라고 할 수 있다. 따라서 개성 공단을 정상화하고 그런 모범 사례를 계속 만들고 확산시켜야 한다.

　당면해서는 남과 북이 민족의 공동 이익을 위해 긴밀히 협력해 나갈 필요가 있다. 예를 들어 한국에 경제 보복을 자행하고 있는 일본의 아베 정권에 남과 북이 공동으로 대응하면서 평화 경제를 현실화할 수 있다면, 북한에 대한 혐오가 크게 줄어들고 평화와 통일의 기운이 고조될 수 있다. 반복해서 지적했듯이, 북한에 대한 혐오가 약화되면 필연적으로 한국 사회 내부의 혐오 현상도 약화될 것이다. 북한에 대한 혐오가 줄어들면, 북한을 공존공영의 대상으로 바라보면서 존중할 수 있을 것이고, 이것은 다시 화해와 통일을 촉진하는 선순환의 고리로 이어질 것이다.

4
남과 북의 화해와 통일을 위해

남과 북은 5천여 년 넘게 한반도에서 생사고락을 함께하다가 잠시 헤어져 살게 된 같은 민족이다. 남쪽 사람들과 북쪽 사람들은 서로 말이 통하고 문화가 같으며, 심리도 유사하다. 하지만 70여 년 넘게 헤어져 살면서 남과 북 사이에는 차이점들도 많이 생겨났다. 무엇보다 긴 세월 한국인들은 자본주의 제도 속에서 살아온 반면, 북쪽 사람들은 사회주의 제도 속에서 살아왔기 때문이다.

남과 북이 많이 달라진 만큼 남과 북은 상대방을 자기 기준에서만 바라보지 말고 상대방의 기준에서도 바라볼 수 있도록 노력해야 한다. 특히 자기와 다른 점에 대해서 무조건 〈틀리다〉고 단정하지 않도록 조심해야 할 것이다. 이런 기초 위에서 남과 북은 서로의 장점을 받아들이고 단점을 극복하면서, 공통점에 기초해 차이점을 좁혀 나가기 위한

대화와 협력을 해야 한다. 그것을 위해서라도 우선은 상대방을 있는 그대로 바라보고 인정하는 것이 필요하다.

민족 동질성 회복은 필요한 과제이지만 이것이 분단 이전 상태로 되돌아가서 재통일을 함으로써 달성되는 것은 결코 아니다. 오히려 상상 이상으로 달라진 남과 북의 여러 차이성을 (싫지만 그리고 반대하지만) 있는 그대로 인정하고 용납하는 관용의 태도를 통해 찾아내야 할 새로운 동질성의 회복이어야만 된다.[11]

2018년 4월 27일, 남과 북의 정상은 판문점에서 만나 다음과 같이 선언했다. 첫째, 남과 북은 남북 관계의 전면적이고 획기적인 개선과 발전을 이룩함으로써 끊어진 민족의 혈맥을 잇고 공동 번영과 자주 통일의 미래를 앞당겨 나갈 것이다. 둘째, 남과 북은 한반도에서 첨예한 군사적 긴장 상태를 완화하고 전쟁 위험을 실질적으로 해소하기 위하여 공동으로 노력해 나갈 것이다. 셋째, 남과 북은 한반도의 항구적이며 공고한 평화 체제 구축을 위하여 적극 협력해 나갈 것이다.

남과 북이 판문점 선언과 그 이후의 남북 합의들을 성실하게 실천해 나가면 남과 북 사이에는 평화가 확고하게 정착되고 빠른 속도로 화해와 통일로 나아가게 될 것이다. 이것은 한반도 차원의 공동체가 복원되기 시작한다는 것을 의미한다.

당장 남과 북이 통일 국가를 건설하지는 못한다 할지라도, 한반도 차원의 공동체가 복원되기 시작하면 적어도 한반도에서의 혐오 현상은 극적으로 줄어들 것이다. 한국인들의 북한에 대한 혐오는 물론이고 한국 사회 내부의 혐오 현상도 크게 줄어들 것이다. 그리하여 사회적 약자를 향하고 있던 길 잃은 분노가 올바른 방향으로 표출되고 그것이 역사를 전진시키고 사회를 개혁하는 힘으로 작용하기 시작할 것이다. 이미 우리 민족은 혐오에서 평화로, 적대에서 화해로, 분열에서 통일로 나아가는 새로운 역사의 시대를 맞이하고 있다. 단지, 이 새로운 역사의 시대에 가속도를 붙이는 일만이 남아 있을 뿐이다.

들어가는 말

1 정현덕, 「일상화된 혐오 표현 어째서 심각한 문제일까」, 『인권』 121호, 국가인권위원회, 2019년 3 – 4월, 7면

2 이승현, 「혐오 표현, 법적으로 규제해야 할까」, 『인권』 121호, 국가인권위원회, 2019년 3 – 4월, 12면

3 김용환 외, 「한국 혐오주의의 현장과 대안 관용」, 『혐오를 넘어 관용으로』, 서광사, 2019, 20면

1장 혐오란 무엇인가

1 김용환 외, 「한국 혐오주의의 현장과 대안 관용」, 『혐오를 넘어 관용으로』, 서광사, 2019, 22면

2 김종갑, 『혐오: 감정의 정치학』, 은행나무, 2017, 118면

3 이 주제는 『새로 쓴 심리학』(김태형, 세창출판사, 2009), 『누구에게나 어린 시절의 상처가 있다』(김태형, 21세기북스, 2013)를 참고하라.

4 마사 너스바움, 『혐오와 수치심』, 조계원 옮김, 민음사, 2015, 167면

5 위의 책, 77면

6 위의 책, 63면

7 위의 책, 67면

8 위의 책, 63면

9 김용환 외, 앞의 책, 24면

10 마사 너스바움, 앞의 책, 167면

11 위의 책, 179면

12 위의 책, 182면

13 김종갑, 앞의 책, 25면

14 위의 책, 21면

15 마사 너스바움, 앞의 책, 139면

16 김용환 외, 앞의 책, 45면

17 마사 너스바움, 앞의 책, 239면

18 김종갑, 앞의 책, 107면

19 김용환 외, 앞의 책, 36면

20 김종갑, 앞의 책, 51면

21 이승현, 「혐오표현, 법적으로 규제해야 할까」, 『인권』 121호, 국가인권
   위원회, 2019년 3~4월, 14면

22 카롤린 엠케, 『혐오 사회』, 정지인 옮김, 다산북스, 2017, 12면

23 위의 책, 76면

24 위의 책, 23면

25 위의 책, 26면

26 김종갑, 앞의 책, 110면

27 위의 책, 141면

28 카롤린 엠케, 앞의 책, 61면

29 마사 너스바움, 앞의 책, 159면

30 김종갑, 앞의 책, 193면

31 마사 너스바움, 앞의 책, 159면

32 위의 책, 186면

33 위의 책, 166면

34 김종갑, 앞의 책, 69면

35 마사 너스바움, 앞의 책, 170면

36 위의 책, 169~170면

37 위의 책, 144면

38 김종갑, 앞의 책, 121면

39 마사 너스바움, 앞의 책, 31면

40 김종갑, 앞의 책, 40면

41 마사 너스바움, 앞의 책, 29면

42 김종갑, 앞의 책, 121~122면

43 위의 책, 31면

44 마사 너스바움, 앞의 책, 175면

45 위의 책, 191면

46 위의 책, 170면

2장 혐오는 왜 위험한가

1 사회적 약자를 대상으로 하는 혐오와는 달리 연쇄 살인범 같은 인간성
   을 상실한 개별 인간에 대한 혐오를 말한다.

2 김종갑, 『혐오: 감정의 정치학』, 은행나무, 2017, 10면

3 마사 너스바움, 『혐오와 수치심』, 조계원 옮김, 민음사, 2015, 136면

4 김용환 외, 「혐오란 무엇인가」, 『혐오를 넘어 관용으로』, 서광사, 2019,
   33면

5 김종갑, 앞의 책, 194면

6 마사 너스바움, 앞의 책, 74면

7 위의 책, 168면

8 김용환 외, 앞의 책, 7면

9 마사 너스바움, 앞의 책, 173면

10 김용환 외, 앞의 책, 34면

11 마사 너스바움, 앞의 책, 168면

12 김종갑, 앞의 책, 194면

13 위의 책, 91~92면

14 김용환 외, 앞의 책, 34면

15 위의 책, 32면

3장 혐오의 원인

1 김종갑, 『혐오: 감정의 정치학』, 은행나무, 2017, 9면

2 마사 너스바움, 『혐오와 수치심』, 조계원 옮김, 민음사, 2015, 203면

3 위의 책, 306면

4 김용환 외, 「혐오주의란 무엇인가」, 『혐오를 넘어 관용으로』, 서광사, 2019, 29면

5 김종갑, 앞의 책, 66면

6 이 주제에 대해서는 『싸우는 심리학』(김태형, 서해문집, 2013)을 참고 하라.

7 김종갑, 앞의 책, 25면

8 카롤린 엠케, 『혐오사회』, 정지인 옮김, 다산북스, 2017, 89~90면

9 위의 책, 90면

10 김종갑, 앞의 책, 76면

11 김용환 외, 앞의 책, 38면

12 위의 책, 39면

13 김태형, 『그들은 왜 극단적일까』, 을유문화사, 2019, 41면

14 위의 책, 42면

15 위의 책, 44면

4장 한국 사회에서의 혐오

1 김종갑, 『혐오: 감정의 정치학』, 은행나무, 2017, 70면

2 인권연대 기획, 『우리 시대 혐오를 읽다』, 철수와 영희, 2019

3 이 주제에 대해서는 『불안 증폭 사회』, 『트라우마 한국 사회』, 『대통령 선택의 심리학』 등 필자의 저서를 참고하라.

4 김용환 외, 「혐오주의란 무엇인가」, 『혐오를 넘어 관용으로』, 서광사, 2019, 44면

5 이 주제에 관해서는 『실컷 논 아이가 행복한 어른이 된다』(김태형, 갈매나무, 2016)를 참고하라.

6 김종갑, 앞의 책, 120면

7 위의 책, 179면

8 위의 책, 182면

5장 북한에 대한 혐오

1 박노자, 『전환의 시대』, 한겨레출판, 2018, 108면

2 위의 책, 94면

3 『VOA 뉴스』, 2016년 11월 22일

4 최장집, 「한국의 헌법재판소와 민주주의: 헌재의 정당해산 결정에 대한 하나의 비판」, 2015(http://openlectures.naver.com/contents?contentsId=79421&rid=253)

6장 혐오를 넘어 평화로

1 김진향 기획총괄, 『개성 공단 사람들』, 내일을 여는 책, 2015, 25면

2 시게무라 도시미츠, 『북한은 무너지지 않는다』, 신지호 옮김, 지식공업사, 1997, 227~228면

3 김용환 외, 「관용과 상호성 그리고 정체성의 문제」, 『혐오를 넘어 관용으로』, 서광사, 2019, 335면

4 위의 책, 324면

5 김용환 외, 「자유를 지키는 두 해법: 루소와 밀」, 『혐오를 넘어 관용으로』, 서광사, 2019, 252면

6 김용환 외, 「관용에 대한 두 비판적 사유」, 『혐오를 넘어 관용으로』, 서광사, 2019, 350면

7 위의 책, 354면

8 카롤린 엠케, 『혐오사회』, 정지인 옮김, 다산북스, 2017, 15면

9 김용환 외, 「종교 혐오주의와 종교 간 대화」, 『혐오를 넘어 관용으로』, 서광사, 2019, 124면

10 허영두 외, 『한국 과학 비상플랜』, 들녘, 192면(『혐오를 넘어 관용으로』, 80면에서 재인용)

11 김용환 외, 「관용 교육이 우리의 미래다」, 『혐오를 넘어 관용으로』, 서광사, 2019, 162면

참고문헌

- 국가인권위원회, 『인권』 121호, 국가인권위원회, 2019년 3~4월
- 김용환 외, 『혐오를 넘어 관용으로』, 서광사, 2019
- 김종갑, 『혐오: 감정의 정치학』, 은행나무, 2017
- 김진향 기획총괄, 『개성 공단 사람들』, 내일을 여는 책, 2015
- 김진호, 이찬수, 김홍미리, 박미숙/인권연대 기획, 『우리 시대 혐오를 읽다』, 철수와 영희, 2019
- 김태형, 『그들은 왜 극단적일까』, 을유문화사, 2019
- 린 데이비스, 『극단주의에 맞서는 평화교육』, 강순원 옮김, 한울, 2014
- 마사 너스바움, 『혐오와 수치심』, 조계원 옮김, 민음사, 2015
- 박노자, 『전환의 시대』, 한겨레출판, 2018
- 시게무라 도시미츠, 『북한은 무너지지 않는다』, 신지호 옮김, 지식공업사, 1997
- 알베르토 토스카노, 『광신』, 문강형준 옮김, 후마니타스, 2013
- 윤보라 외, 『여성혐오가 어쨌다구?』, 현실문화, 2017
- 이희수, 『이슬람 학교 2: 이슬람 문명, 문화, 극단주의와 테러 그리고 석유』, 청아출판사, 2015
- 카롤린 엠케, 『혐오사회』, 정지인 옮김, 다산북스, 2017

지은이 **김태형** 심리학자이자 심리 연구소 〈함께〉 소장. 고려대학교 심리학과를 졸업하고 같은 학교 대학원에서 임상심리학을 공부했다. 주류 심리학에 대한 실망과 회의로 심리학계를 떠나 한동안 사회운동에 몰두하다가 중년의 나이가 되어 다시 심리학자의 길로 돌아왔다. 기존 심리학의 긍정적인 점을 계승하는 한편 오류와 한계를 과감히 비판하고 〈올바른 심리학〉을 정립하기 위해 매진하고 있다.

2005년부터 활발한 연구, 집필, 교육, 강의, 상담 활동 등을 통해 심리학 연구 성과를 대중에게 소개해 왔으며, 심리학을 누구나 친근하게 다가갈 수 있는 학문으로 만들기 위해 끊임없이 노력 중이다.

주요 저술로는 『그들은 왜 극단적일까』, 『가짜 자존감 권하는 사회』, 『자살공화국』 등이 있다.

손안의 통일 ❹

혐오 시대 헤쳐가기

발행일	2019년 12월 25일 초판 1쇄
	2020년 3월 15일 초판 2쇄

지은이	김태형
발행인	홍지웅·홍예빈
발행처	주식회사 열린책들

경기도 파주시 문발로 253 파주출판도시
전화 031-955-4000 팩스 031-955-4004
www.openbooks.co.kr

이 도서의 국립중앙도서관 출판예정도서목록(CIP)은 서지정보유통지원시스템 홈페이지(http://seoji.nl.go.kr)와 국가자료공동목록시스템(http://www.nl.go.kr/kolisnet)에서 이용하실 수 있습니다.(CIP제어번호: CIP2019049581)